W0333665

Schirner Verlag

SABINE BROMKAMP

IMMER MEHR ICH

Wie wir unser Leben von innen nach außen gestalten

Schirner Verlag

Wir verzichten auf das Einschweißen unserer Bücher – **UNSERER UMWELT ZULIEBE!**

ISBN 978-3-8434-1402-9

Sabine Bromkamp:
Immer mehr ICH
Wie wir unser Leben von innen nach außen gestalten

Umschlag: Anke Müller, Schirner, unter Verwendung von # 1162703083 (© volcebyyou), # 344991020 (© Ron Dale), www.shutterstock.com
Layout: Simone Fleck, Schirner
Lektorat: Natalie Köhler, Schirner
Printed by: Ren Medien GmbH, Germany

www.schirner.com

1. Auflage September 2019

INHALT

EINLEITUNG

Ich bin sehr glücklich, dass ich dieses Buch in die Welt bringen darf, denn das Thema »Immer mehr ICH« liegt mir sehr am Herzen. Wünschen wir uns nicht alle, am Ende unseres Lebens einfach glücklich und begeistert zu sein, weil wir unser Leben wirklich genutzt und gelebt haben? Oder andersherum: Wären wir am Ende unseres Lebens nicht alle enttäuscht, wenn wir zurückblickend feststellen müssten, dass wir viel zu oft mit unwichtigen Fragen wie »Was denken oder erwarten die anderen wohl?« beschäftigt waren, anstatt unserem Herzen zu folgen?

Ich glaube, dass die meisten Menschen sich durch die Meinungen und Erwartungen anderer blockieren, kleinhalten und ausbremsen lassen. Und ich gebe zu, dass dies auch absolut legitim und verständlich ist, denn es gehört zur Königsdisziplin, aus dem eigenen Inneren heraus das Leben im Außen zu erschaffen, das wir uns wünschen.

Doch was bedeutet es überhaupt, das Leben von innen nach außen zu gestalten, und warum ist das so herausfordernd? Zum einen ist es durch die vielen äußeren Eindrücke und Einflüsse oftmals schwierig, wahrzunehmen, was sich in unserem Inneren verbirgt. Unsere Umgebung ist bunt, laut und äußerst vielseitig. Hier treffen viele verschiedene Weltansichten, Meinungen, Werte und Lebensweisen aufeinander. Man könnte das Außen mit einem reichhaltigen Buffet vergleichen, das uns zeigt, was alles möglich ist. Gleichzeitig zeigt es uns aber auch unsere scheinbaren Grenzen, die meist lediglich auf den Erfahrungen anderer Menschen basieren.

Das Außen wirkt oft überfordernd, weil hier eine bunte Mischung aus allem, was existiert, zu finden ist. Deswegen treffen wir dort auch auf Dinge, die unserer persönlichen Seelenessenz gar nicht entsprechen.

Da wir aber oft gar nicht wissen, was unserer Seelenessenz entspricht, übernehmen wir diese Dinge meist ungeprüft in unser Leben. Das können z. B. die Werte anderer sein, die in Wahrheit gar nicht unseren eigenen Werten entsprechen, oder einfach die Art und Weise, die Welt zu sehen. Auch die Grenzen, die sich andere Menschen setzen, beeinflussen unser Leben, weil wir diese oft ungefiltert auch für uns annehmen. Ganz extrem beobachte ich das bei Menschen, die ihre Seelenaufgabe in Form einer Selbstständigkeit leben möchten und im Internet nach Möglichkeiten und Wegen suchen, erfolgreich zu werden. Das Angebot an Hilfestellungen ist so enorm groß und vielseitig, dass wir glauben könnten, all diese Tipps und möglichen Wege umsetzen zu müssen. So lassen wir uns schnell verunsichern, und die eigene Herzensstimme, die eigene Intuition, wird dann durch den Lärm im Außen überhört.

Zum anderen ist unser Alltag oft von Stress, Überforderung und Anstrengung geprägt. Es gibt augenscheinlich zu wenig Zeit, um sich wirklich einmal mit der eigenen Seelenessenz, mit den eigenen Vorstellungen vom Leben und den eigenen Werten auseinanderzusetzen. Doch genau das ist die Krux, denn würden wir uns diese Zeit nehmen und beginnen, unser Leben von innen nach außen zu gestalten, dann wären viele unserer Handlungen, zu denen wir uns vom Außen hinreißen lassen, gar nicht mehr notwendig, weil wir genau wüssten, was WIRKLICH zu tun ist und auf was wir getrost verzichten können.

Mit diesem Buch möchte ich dich dabei unterstützen, den Trubel im Außen einfach einmal SEIN zu lassen, ohne dich darin zu verlieren. Ich möchte dir Wege zeigen, stattdessen in dein Inneres einzutauchen, deine eigene Seelenessenz zu erforschen und genau zu hinterfragen, was in deinem Leben für dich eigentlich wirklich (noch) stimmig ist und was du in Frieden loslassen und liebevoll verabschieden kannst, sodass du sagen kannst: »Ja, immer mehr ICH.«

In dem Moment, in dem du beginnst, immer mehr DU zu sein, wirst du automatisch dein Leben von innen nach außen gestalten. Das, was du in deinem Inneren fühlst, trägst du dann ins Außen, und das, was deiner Seelenessenz entspricht, wird im Außen sichtbar. Und dann kommst du an den Punkt, an dem du im Außen nur noch genau die Dinge für dich wählst, die für dich stimmig und passend sind. Alles andere, was dir begegnet, kann dich nicht mehr verunsichern, weil du dich von deiner Seelenenergie leiten lässt. Es ist, als würde deine innere Klarheit einen roten Teppich ins Außen ausrollen, der dir immer zeigt, welcher Weg wirklich DEINER ist.

In diesem Buch erwarten dich viele Reflexionsfragen, mit denen du Klarheit gewinnst und dein Leben neu ausrichten kannst. Wenn du magst, kannst du dir ein schönes Notizbuch zulegen, in dem du die Fragen schriftlich beantwortest. Doch keine Sorge. Es geht keinesfalls darum, dein ganzes Leben auf den Kopf zu stellen! Oft sind es tatsächlich die kleinen Veränderungen, die wahnsinnig tief greifend und transformierend wirken. Sie machen richtig viel Spaß, und du wirst begeistert sein, was für dich möglich wird. Ich jedenfalls bin schon voller Vorfreude.

Lasse uns loslegen, ja? Ich brenne darauf, mit dir gemeinsam ein Leben zu kreieren, das wirklich DIR entspricht.

Herzensgrüße,
Sabine

WAS BEDEUTET »IMMER MEHR ICH«?

Bei »Immer mehr ICH« geht es nicht um ICH, ICH, ICH. Es geht nicht darum, dass wir nur noch an uns denken und für unser Lebensglück andere Menschen fallen lassen oder ihnen sogar Schaden zufügen – keineswegs! Es geht darum, all das hinter uns zu lassen, was nicht (mehr) unserer Seelenessenz entspricht. Es geht darum, all das zu verabschieden, was gar nicht (mehr) zu uns passt. Es geht darum, all das aufzugeben, was wir mit viel Anstrengung und Kraft aufrechterhalten, obwohl es uns gar nicht (mehr) entspricht. Und gleichzeitig geht es darum, durch diesen Weg der Selbstfindung genau das Licht in der Welt zu sein, das sie braucht.

Andere Menschen brauchen unsere wahre Größe. Die Erde braucht unser Licht. Die Welt braucht uns so, wie wir gedacht sind: hell, strahlend, leuchtend. Und alles, was unser Licht dimmt, dürfen wir Schritt für Schritt verabschieden, sodass wir das sein können, was anderen dienlich ist, nämlich eine Bereicherung.

»Immer mehr ICH« ist ein Versprechen an uns selbst und an alle, die mit uns in Berührung kommen, dass wir unser BESTES geben. Und das können wir nur, wenn wir zu uns finden und aus unserer Seelenessenz heraus schöpfen, um all das in die Welt zu tragen, was so dringend gebraucht wird. Und das ist bei jedem Menschen anders und individuell.

**»Jede Seele hat ihre eigene Melodie.
Und genau diese Melodie bereichert die Erde.**

*In unserer Seelenmelodie ist alles enthalten:
unsere Farben, unsere Töne, unsere Schwingungen, unsere Gaben,
unsere Talente und Fähigkeiten.
Und diese Melodie berührt die Herzen aller beseelten Wesen.*

*Wenn wir auf unserem Seelenweg sind, erlauben wir es unserer Seele,
ihre Melodie zu spielen. Hörbar, sichtbar und fühlbar.*

*Und genau das ist der Plan:
Selbstausdruck. Wie auch immer du ihn gestalten möchtest.«*

Ja, das ist es, worum es geht. Und das ist Liebe pur.
Das ist »Immer mehr ICH«.

DIE LIEBEN ÄNGSTE

Wofür Ängste gut sind

Angst ist etwas völlig Natürliches und dient unserem Schutz. Sie ist wichtig, weil sie unser Überleben sichert. Es sollte nie unser Ziel sein, angstfrei zu sein. Einmal davon abgesehen, dass dies gar nicht möglich wäre, so wäre der Versuch unglaublich anstrengend – ein Kampf gegen Windmühlen. Doch wir dürfen differenzieren und hinterfragen:

> Wann dient mir meine Angst? Wann ist sie wirklich sinnvoll?
>
> Und wann lasse ich mich zu sehr von meiner Angst leiten, ausbremsen und blockieren? Wann verhindert sie mein Lebensglück, weil ich mich von ihr kleinhalten und einschüchtern lasse?

Es lohnt sich, da einmal ganz genau hinzuschauen.

Stelle dir vor, du würdest morgen deinen hundertsten Geburtstag feiern. Du hast ein wenig Zeit, die Füße hochzulegen, und lässt gedanklich dein Leben Revue passieren. Vielleicht entwickelt sich in dir ein Gefühl der Wehmut. Irgendwie wünschst du dir, mutiger gewesen zu sein. Dir fallen bestimmt Situationen ein, in denen du NEIN gesagt hast – Nein zu dir, Nein zu Herausforderungen, Nein zu neuen Wegen, obwohl dein Herz dich gerufen hat. Vielleicht denkst du dir: »Wäre ich doch nur einmal mutiger gewesen. Hätte ich doch einmal für mich und meine Bedürfnisse eingestanden. Hätte ich diesen einen Schritt damals gewagt. Und hätte ich nur viel öfter auf mein Herz gehört. Dann würde ich es heute nicht bereuen, dass ich diese Dinge nicht gewagt habe.«

Hinter all den Entscheidungen für uns, die wir nicht getroffen haben, den Handlungen für uns, die wir nicht ausgeführt haben, und den Worten für uns, die wir nicht gesagt haben, liegt die Angst. Wir spüren sie immer, unsere Sehnsucht, doch wir treffen oft die Entscheidung, ihr nicht zu folgen. Aus Angst. Und auch die Stimme unseres Herzens können wir oftmals, wenn auch leise, wahrnehmen. Doch wir treffen die Entscheidung, ihr nicht zu vertrauen. Aus Angst. Wir verweilen zu lang in Beziehungen, aus denen wir längst herausgewachsen sind, bleiben zu lang in einem Job, der uns ermüdet, und ignorieren zu oft dieses leichte und manchmal unscheinbare Kribbeln im Bauch, das uns nur zu gern den richtigen Weg weisen würde. Warum wir das tun? Aus Angst.

Wir haben Angst, die Kontrolle zu verlieren. Wir fürchten uns vor dem scheinbar unkalkulierbaren Risiko. Wir sorgen uns um unsere Existenz und wähnen uns in Sicherheit, wenn alles so bleibt, wie es ist. Ungewissheit macht uns verrückt. Und wenn unser Weg noch nicht ganz sichtbar ist, dann wagen wir den ersten Schritt oft nicht. Und so passiert es uns immer wieder, dass wir eigentlich ganz tief in unserem Herzen wissen, wonach wir uns sehnen, uns jedoch nicht trauen, dieser Sehnsucht zu folgen. Die Angst ist zu stark, die Ungewissheit zu groß, und die Zweifel sind zu präsent. So entscheiden wir uns, alles so zu belassen, wie es ist, und meist können wir uns damit sogar recht gut arrangieren, weil wir Meisterinnen und Meister darin werden, unsere Sehnsucht tief in uns zu vergraben. Doch genau DAS lässt uns irgendwann denken: »Ach, hätte ich doch einmal …«

Wenn wir uns dies alles HEUTE bewusst machen, dann können wir dafür sorgen, dass wir später mit einem zufriedenen Lächeln auf unser Leben zurückschauen. Nicht, weil immer alles rosig war. Nicht, weil immer alles nach Plan gelaufen ist. Auch nicht, weil wir keine

Höhen und Tiefen durchleben mussten. Sondern deswegen, weil wir JA gesagt haben – Ja zum Mut, Ja zu unserem Leben, Ja zu unserem Seelenweg.

Welche Konsequenzen haben meine Ängste?

Der Seelenweg ist genau der Weg, der sich zeigt, wenn wir unser Leben von innen nach außen gestalten und beginnen, aus unserer Seelenessenz heraus unser Leben zu kreieren. Sobald wir uns nicht mehr daran orientieren, was andere Menschen von uns erwarten oder über uns denken könnten, sondern daran, was wir kreieren möchten, was unser Herz sich wünscht und was unsere Seele uns mitteilt, begeben wir uns auf unseren Seelenweg. Doch genau hier greift die Angst, die uns immer wieder davon abhält, unserem Seelenweg zu folgen. Dann können wir uns fragen, welche Konsequenz es eigentlich hat, wenn wir dieser Angst stetig weiter folgen.

Was macht es mit mir und meinem Leben, wenn ich den Zweifeln mehr Glauben schenke als diesem Gefühl, das mir zeigt, dass ich einen neuen Weg gehen möchte?

Wie wirkt es sich auf meine Lebensfreude aus, wenn ich meinen inneren Kompass nach meinen Ängsten ausrichte?

Was geschieht mit meinen Beziehungen zu anderen Menschen, wenn ich mich immer wieder von meinen Ängsten zurückhalten lasse?

Lebe ich dann überhaupt MEIN Leben? Oder ist es letztlich ein Leben, das sich für mich nie stimmig, sondern irgendwie falsch anfühlt?

Wenn wir uns eine Veränderung wünschen, wenn wir dieser inneren Sehnsucht folgen möchten, wenn wir die Stimme unseres Herzens zu unserem Kompass machen möchten, dann ist es wichtig und sinnvoll, sich den Ängsten, denen wir bisher zu viel Glauben geschenkt haben, in Liebe zu stellen. Angst ist nichts, was wir bekämpfen müssen. Es geht vielmehr um ein liebevolles Annehmen und Anerkennen der Angst.

Ich sehe dich, liebe Angst. Lasse uns doch jetzt gemeinsam etwas Neues kreieren. Wenn es wirklich ernst wird für mich, dann warnst du mich, und wir besprechen das. Doch lasse mich verschiedene Dinge ausprobieren, ohne in Panik zu verfallen. Lasse uns Hand in Hand gehen. So kommst auch du zur Ruhe.

Diese Einstellung verändert bereits so viel. Die Energie wird leichter. Und das ist ein guter Zeitpunkt, eine neue Entscheidung zu treffen.

Was wäre, wenn deine Zukunft deiner Gegenwart entsprechen würde? Vielleicht spürst du, dass es da noch so viel mehr Potenzial gibt. Da ist diese Sehnsucht in dir, die dir zuflüstert, dass noch mehr für dich bereitsteht. Dein Herz weiß, dass es noch so viel mehr gibt, was du zu geben hast. Deine Intuition verrät dir, dass du deinen Platz ganz einnehmen könntest. Und deine Seele versucht immer wieder, zu dir durchzudringen, um dir zu sagen, dass du deinem Leben noch so viel mehr Ausdruck verleihen darfst. Ja, du spürst es ganz bestimmt. Es steht noch so viel mehr für dich bereit. Wenn du nur den Mut hättest, deinen Raum einzunehmen, deine Talente und Gaben zum Ausdruck zu bringen und deine Seelensehnsüchte zu leben.

ÜBUNG

Stelle dir vor, was wäre, wenn deine Zukunft deiner Gegenwart entsprechen würde, und frage dich:

Was wäre, wenn ich weiterhin an alten Glaubenssätzen und Denkmustern festhalten würde?

Was wäre, wenn ich weiterhin meinen Ängsten folgen, mich von ihnen kleinhalten und blockieren lassen würde?

Was wäre, wenn ich mich in meinem Alltag weiterhin von schlechten Gewohnheiten leiten lassen würde, die mich schwächen?

Was wäre, wenn ich weiterhin an alten Erinnerungen, Gefühlen, Erlebnissen und Gedanken festhalten würde, die mich belasten?

Was wäre, wenn ich weiterhin meinen Zweifeln Glauben schenken würde?

Was würde das mit meinem weiteren Leben machen? Und wie zufrieden wäre ich in Zukunft, wenn ich meine Entscheidungen Revue passieren lassen würde?

Wenn du diese Fragen ganz ehrlich beantwortest, dann hast du immer etwas, was dich ermutigt und stärkt, neue Wege zu gehen. Wann immer du zweifelst, Angst hast oder dich selbst blockierst: Es lohnt sich, dir die Konsequenzen vor Augen zu führen, die entstehen, wenn du denselben Mustern folgst wie bisher. Das kann dir den Mut geben, ab und an etwas zu wagen, einmal die Angst zu überwinden und neue, andere Entscheidungen zu treffen, die dich auf einen Weg führen, der vielleicht noch nicht ganz klar ist.

Den eigenen Weg anerkennen

Es ist wichtig, dass du deinen bisherigen Weg liebevoll und wertschätzend anerkennst. Denn es ist ja nicht so, als wärest du dein ganzes Leben lang nur deinen Ängsten und Zweifeln gefolgt. Sicherlich hast du schon viel an dir gearbeitet, bewusst und unbewusst. Dir sind schon viele Herausforderungen begegnet, die du gemeistert hast. Und du hast ganz sicher auch schon oft auf deine Intuition gehört, wenn es darum ging, Entscheidungen zu treffen.

In unserem Leben entwickeln wir uns immer weiter. Heute sind wir nicht mehr die, die wir gestern waren, weil uns jedes Erlebnis und jede Begegnung verändert. Natürlich haben wir schon viel geschafft. Natürlich sind wir schon enorm gewachsen. Natürlich hat uns das Leben schon auf die Probe gestellt, und wir haben die verschiedensten Lerneinheiten gemeistert. Dies dürfen wir anerkennen, denn auch das gibt Mut und Stärke, unser Leben von innen nach außen zu gestalten.

ÜBUNG

Schreibe einen liebevollen Brief an dein früheres Ich.

Lobe dich, und halte alles fest, was du in den letzten Jahren geschafft, verändert und bewegt hast. Wenn du erst einmal begonnen hast, all das aufzuschreiben, findest du bestimmt in einen Schreib-Flow, und es fließen Erinnerungen und Erkenntnisse aufs Papier, auf die du allein durch das Darübernachdenken nicht gekommen wärest. Es ist so wohltuend und kostbar, den bisherigen Weg anzuerkennen, ja, vielleicht sogar zu feiern, zu zelebrieren und somit absolut zu würdigen.

Wenn du manchmal das Gefühl hast, dass du schon viele Jahre hast ungenutzt verstreichen lassen, ohne wirklich glücklich und freudvoll zu sein, weil dir vielleicht der Mut fehlte, dich für eine wichtige Veränderung zu entscheiden, so führe dir vor Augen: Du hast schon viel geschafft! Du hast schon viel bewegt! Du hast schon viel kreiert, und du warst schon so oft mutig! Dies anzuerkennen, hilft dir jetzt, aus einer anderen Energie heraus und ganz bewusst deinem Leben noch einmal eine ganz besondere Magie zu verleihen.

Meine Entscheidung

Wenn du ein Leben führen willst, von dem du voller Begeisterung sagen kannst: »Ja, immer mehr ICH«, dann braucht es dafür eine Entscheidung. Es braucht deine Entscheidung, dass du ab sofort all das, was dich von außen lenkt, blockiert, kleinhält, schwächt, herunterzieht oder von deinem Seelenweg abbringt, wahrnimmst und veränderst bzw. loslässt. »Immer mehr ICH« ist eine neue Lebenseinstellung, eine neue Art, zu leben. Du triffst die Entscheidung, dass du …

- deiner Herzensstimme dein Vertrauen schenkst,
- dich immer mehr von den Erwartungen anderer loslöst und dir erlaubst, auf deine Bedürfnisse zu hören,
- dir von dem großen Buffet im Außen nur noch genau das nimmst, was wirklich für dich stimmig und passend ist,
- dein Leben nach DEINEN Werten ausrichtest,
- die Zeichen, die dir begegnen, erkennst und ihnen auch folgst,
- dich und deine Wünsche, Sehnsüchte und Bedürfnisse wichtig nimmst und für sie einstehst,

- nur noch Dinge tust, die für dich absolut stimmig sind und deiner Seelenessenz entsprechen,
- und dass du dich von alten Glaubenssätzen, Gewohnheiten, Gedanken und Gefühlen weder einschüchtern noch zurückhalten lässt.

Es ist an der Zeit, all das hinter dir zu lassen, was dir nicht mehr dienlich ist. Es gibt so viele Kompromisse, die du eingegangen bist, die dich geschwächt haben. Es gibt so viele gesagte Worte, die eigentlich gar nicht dem entsprachen, was du gefühlt hast. Es gibt so viele Dinge, die du getan hast, die du eigentlich nie tun wolltest. Es ist an der Zeit, in den Spiegel zu schauen und dir selbst zu versprechen, dass du jetzt die alten Schuhe, die schon so lang drücken, ablegst.

Es ist egal, was andere sagen, denn ganz gleich, was du tust, es wird immer geredet, weil es nie ALLEN Menschen gefallen wird, was du tust. Und deshalb kannst du auch gleich das tun, was DIR Freude macht. Die meisten Menschen sind sowieso so sehr mit ihrem eigenen Leben beschäftigt, dass sie sich gar nicht darum kümmern, was du tust. Es gibt vielleicht Menschen, die dich nicht mögen. Doch da kannst du dich auf den Kopf stellen – sie lehnen dich ab, ob du nun tust, was ihnen gefallen könnte bzw. was sie erwarten könnten, oder ob du das tust, was dir Freude macht. Wer dich nicht mag, wird dich nicht mögen, egal, ob du deinem Herzen folgst oder es ihm recht machen möchtest. Und dann sind da die Menschen, die dich lieben und schätzen, so, wie du bist. Das sind Menschen, die zu dir passen, vor denen du dich nicht verstellen musst und vor denen du deine Masken ablegen kannst. Und genau die findest du nur dann, wenn du deinem Seelenweg folgst und dein Leben von innen nach außen kreierst, aus deiner Seelenenergie heraus.

Die Frage ist, auf wen du dich konzentrieren möchtest: Auf die Menschen, denen du sowieso egal bist? Auf die Menschen, die dich sowieso nicht mögen? Oder auf die Menschen, die sich von dir angezogen fühlen, wenn du aus deinem Inneren heraus dein Leben gestaltest? Wenn du jetzt an die Menschen denkst, die dich eigentlich lieben, dich aber trotzdem irgendwie blockieren, dann werden deine Zweifel im Kapitel »Warum es anderen dienlich ist, wenn ich mein wahres Ich lebe« (siehe S. 47) sicherlich aus dem Weg geräumt.

Wenn du immer mehr DU bist, wenn du immer mehr dein Leben nach DEINEN Vorstellungen kreierst und wenn du immer mehr all das loslässt, was für dich nicht mehr stimmig ist, so wirst du auch automatisch immer mehr DEINE Wahrheit finden und aussprechen können. Dies ist ein Prozess, ein wundervoller Weg der Selbsterkenntnis und auch der Selbstermächtigung, auf dem du gleichzeitig mit deinen Ängsten konfrontiert wirst, weil du Sorge hast, dass sich zu viel in deinem Leben verändern könnte.

- »Will ich meinen Partner noch?«
- »Will mein Partner mich noch?«
- »Bleiben meine Freundschaften bestehen?«
- »Was denken und sagen meine Nachbarn?«
- »Werde ich diesen Job noch ausüben können?«
- »Werde ich hier bleiben können?«
- »Werde ich ein Teil des Ganzen bleiben?«
- »Werde ich einsam sein?«
- »Werden andere mich ausschließen?«
- »Werde ich Ablehnung erfahren?«
- »Kann ich mit Gegenwind umgehen?«

All das sind Fragen, die dir begegnen können, wenn du immer mehr DU wirst und dich immer mehr von Erwartungen, Anforderungen und Maßstäben anderer befreist. Dann kannst du diese Ängste, die hochkommen, wahrnehmen, sie liebevoll in den Arm nehmen, wertschätzen und anerkennen. »Hey, ich sehe, dass du da bist. Danke, dass du mich schützen möchtest.« Und aus dieser friedvollen Energie heraus kannst du dann eine für dich stimmige Entscheidung treffen. Frage dich: »Möchte ich diesen Ängsten noch folgen? Und welche Konsequenzen hätte das für mich und mein Leben?«

Wenn du jetzt erst einmal die grundlegende Entscheidung triffst, dass du dein Leben aus deinem Inneren heraus gestalten möchtest, dann liegt in ihr die Kraft, jeden Tag neue kleine und große Entscheidungen zu treffen, die deinen Entschluss untermauern und bestärken.

Stelle dich darauf ein, dass deine Entscheidung, immer mehr DU zu sein, eine Reihe neuer Entscheidungen nach sich ziehen kann, und freue dich darauf. Das ist schön und spannend – wie ein neues Abenteuer. Und das Beste ist, dass es dir mit der Zeit immer leichter fallen wird, Ja zu dir selbst zu sagen. Du wirst mutiger, selbstsicherer und stärker werden. Und du wirst feststellen: »Ja, es lohnt sich, immer mehr ICH zu sein und mein Leben zu kreieren.« Es lohnt sich, weil das Gefühl der Lebensfreude zurückkehrt, stärker wird und deinem Leben die Magie einhaucht, für die es sich zu leben lohnt.

Ich lade dich von Herzen ein: Triff eine klare Entscheidung für dich. Versprich dir selbst, dass du nach und nach alles loslässt, was nicht deinen Bedürfnissen, Sehnsüchten, Träumen, Visionen, Werten und Vorstellungen entspricht, und dass du immer mehr das in dein Leben einlädst, was dein Herz hüpfen, deinen Bauch kribbeln und deine Seele singen lässt. Deine glasklare Entscheidung wird neue Wege sichtbar machen, die du zuvor noch nicht kanntest. Du wirst empfänglicher für die Zeichen, die dich auf den passenden Weg führen, und du wirst spüren, dass dir auf eine magische Art und Weise genau die Dinge zufallen, die du brauchst.

Bist du bereit?

RAUS AUS DER ALTEN PRÄGUNG

Wer bin ich bisher gewesen?

Wenn du dieses Buch liest, dann wünschst du dir bestimmt, mehr DU zu sein. Das bedeutet, dass du im Moment noch das Gefühl hast, nicht ganz du selbst zu sein. Doch wer bist du dann? Wenn du jetzt nicht DU bist, wer bist du dann in den letzten Jahren gewesen? Gute Frage, oder?

ÜBUNG

Vielleicht magst du an dieser Stelle einmal die Augen schließen und dir diese Fragen stellen. Spüre in dich hinein.

Woher kommt dieses Gefühl, nicht DU zu sein? Wenn du magst, schreibe deine Gedanken dazu auf. Was kommt dir in den Sinn, wenn du dich fragst, wer du bisher gewesen bist? Und wer oder was hat dich bisher daran gehindert, du zu sein? Es lohnt sich so sehr, dich für einen Moment mit diesen Fragen zu beschäftigen und deine ganz persönlichen Antworten darauf zu finden.

Gefangen in der Prägung

Wenn du dir wünschst, immer mehr DU zu sein, dann wird es etwas geben, was dich bisher daran gehindert hat. Ganz oft sind die Gründe in der Prägung zu finden.

Wenn wir das Licht der Welt erblicken, werden wir in ein festes System hineingeboren. Darin enthalten sind die Werte und die Weltanschauung unserer Eltern. Sie erklären uns das Leben, vermitteln uns die Spielregeln und lehren uns, was dieses Leben von uns erwartet (und weniger das, was wir vom Leben erwarten dürfen). Wir lernen oftmals, leistungs- und anpassungsfähig zu sein, und wir übernehmen die Werte, Glaubenssätze und die Weltanschauungen all jener Menschen, die für uns Autoritätspersonen sind. Kurz: Wir glauben erst einmal alles, was wir gelehrt bekommen. Hinzu kommen unsere eigenen Erfahrungen, die wir im Laufe unseres Lebens machen und aus denen heraus sich neue Glaubenssätze und Überzeugungen bilden oder verstärken, die letztlich unser Leben formen. Das alles ist absolut natürlich und in gewisser Weise auch richtig. Die Kunst der Persönlichkeitsentwicklung liegt darin, über den Tellerrand der Prägung hinauszuschauen und es zu wagen, die Grenzen des Systems, in das wir hineingeboren wurden, zu überschreiten, wenn das zu unserem Lebensglück beiträgt. Es geht nicht darum, unsere Prägung zu verteufeln – ganz und gar nicht! Es geht vielmehr darum, herauszufinden, welche Teile der Prägung für uns noch stimmig und uns dienlich sind.

Und wenn du das Gefühl hast, nicht DU zu sein, dann gibt es etwas, was du aus deinem Leben verabschieden darfst, und etwas, was du in dein Leben einladen darfst. Was genau das ist, wirst du mithilfe dieses Buches herausfinden. Wichtig für dich ist jetzt erst einmal, zu wissen, dass du einige Dinge, die dein Leben ausmachen, hinterfragen und sogar verändern darfst, wenn du ganz du selbst sein möchtest. Und immer mehr DU zu sein, bedeutet, dein Leben auf Grundlage DEINER Bedürfnisse, DEINER Wünsche und DEINER Werte zu gestalten.

Meine Werte

Kennst du deine Werte? Weißt du, was DIR wichtig ist? Wir alle haben Werte, doch oftmals folgen wir immer noch denen, die wir von unseren Eltern übernommen haben. Das muss auch gar nichts Schlechtes sein, und vielleicht sind die Werte deiner Eltern ganz wundervoll. Doch dies bedeutet nicht automatisch, dass sie auch DEINE Werte sind.

Vielleicht war deinen Eltern z. B. ein sicherer Beruf sehr wichtig, und aus Angst vor dem Ungewissen wechselten sie nie den Job. Durch die vermeintliche Sicherheit im Job konnten sie andere Dinge genießen. Für sie war dieser Wert der Sicherheit gut, und weil er ihnen so wichtig war, haben sie ihn dir mitgegeben. Jetzt stelle dir vor, du liebst das Abenteuer, auch beruflich, und für dich gibt es nichts, was dich mehr beflügelt, als dich immer wieder neuen beruflichen Herausforderungen zu stellen, die vielleicht auch ein gewisses Risiko mitbringen. In dir ist jedoch der Wert Sicherheit verankert – ein Wert, der zu deinen Eltern passt, aber nicht zu dir. Dein Wunsch und der Wert beißen sich. Und wenn du das nicht für dich klärst, kann es sein, dass auch du im Job immer auf Sicherheit setzt, obwohl du viel lieber einmal etwas Neues wagen würdest, was dir das Gefühl der Lebendigkeit schenken würde.

Das war jetzt natürlich nur ein Beispiel, und ich hoffe, dass es dir zeigt, was es für dein Leben bedeuten kann, wenn du dein Leben nicht nach DEINEN Werten ausrichtest. Deine Werte sind die Basis für deine Entscheidungen, und ich möchte dich einladen, dich heute mit ihnen zu beschäftigen.

Werte können z. B. sein:

Abenteuer
Achtsamkeit
Akzeptanz
Anerkennung
Beliebtheit
Ehrlichkeit
Erfolg
Familie
Freiheit
Freizeit
Fröhlichkeit
Gesundheit
Gleichheit
Herausforderung
Hilfsbereitschaft
Humor
Intuition
Kreativität
Leidenschaft
Liebe
Mitgefühl
Nähe
Offenheit
Optimismus
Ordnung
Sicherheit
Spiritualität
Stabilität
Toleranz
Treue
Unabhängigkeit
Verantwortung
Verlässlichkeit
Vertrauen
Weiterentwicklung
Wissen

Es gibt unzählige Werte, und nur ein Teil spiegelt wirklich das wider, was dir wichtig ist. Wenn du dir deine Werte bewusst machst und beginnst, nach ihnen zu leben, wird das Gefühl, dass du immer mehr du selbst bist, zunehmend intensiver und schöner.

ÜBUNG

Kläre, wie zufrieden du gerade in deinen einzelnen Lebensbereichen bist.

Mögliche Lebensbereiche können sein: Partnerschaft, Freundschaft, Beruf, Gesundheit, Finanzen, Freizeit, Persönlichkeitsentwicklung – und es gibt noch viele mehr. Wähle die Bereiche, die dir wichtig sind, und ordne jedem Lebensbereich eine Zahl zwischen 0 (absolut unzufrieden) und 10 (mehr als zufrieden) zu. Am besten nimmst du dir dazu dein Notizbuch, denn dann kannst du auch die folgenden Fragen direkt schriftlich beantworten.

Hinterfrage bei den Bereichen, in denen du sehr zufrieden bist, warum das so ist. Welche Werte könnten dahinterstecken? Was ist hier erfüllt, was dir wichtig ist? Welche deiner Bedürfnisse, die für dein Wohlbefinden wichtig sind, werden hier gestillt?

Hinterfrage bei den Bereichen, in denen du unzufrieden bist, wann du da das letzte Mal richtig zufrieden warst. Was war da anders? Welche Werte könnten dahinterstecken? Welche Bedürfnisse waren erfüllt, die für dein Wohlbefinden wichtig waren und sind?

Arbeite dann zu jedem einzelnen Lebensbereich 2–3 Werte heraus, indem du in dich hineinspürst, was dir wichtig ist, um dich glücklich und zufrieden zu fühlen.

Ich persönlich orientiere mich hierbei immer an den Gefühlen der Freude und Lebendigkeit. Wenn ich sie spüren kann, dann weiß ich, dass ich meine Werte lebe. Und wenn ich einmal nicht gut drauf bin oder nichts so richtig rundläuft, dann kann ich schnell überprüfen, ob ich gegen meine Werte lebe.

Wenn du deine wichtigsten Werte für jeden Bereich gefunden hast, schaue, ob sich ein einzelner Wert in mehreren Lebensbereichen wiederfindet. Das zeigt dir, dass sich dieser Wert wie ein roter Faden durch dein Leben zieht. Es ist aber auch okay, wenn du für die einzelnen Lebensbereiche verschiedene Werte hast. Es gibt hier kein Richtig oder Falsch. Wichtig ist, dass es sich für dich rund und stimmig anfühlt.

Wenn du deine Werte ermittelt hast, dann hast du nicht nur enorm viel Klarheit gewonnen, sondern auch einen Kompass erhalten, mit dessen Hilfe du dich immer orientieren kannst, wenn es eine Entscheidung zu treffen gibt. Immer wenn du an einer Weggabelung stehst und dich entscheiden musst (z. B. für das Loslassen einer Beziehung, einen neuen Partner, einen anderen Job, einen Umzug etc.), dann kannst du kurz checken, ob der mögliche neue Weg deinen Werten entspricht. Das wird dir sehr helfen, in Zukunft klarere Entscheidungen zu treffen und weniger an ihnen zu zweifeln. Und so mancherlei Umweg wird dir erspart bleiben.

Welche alten Geschichten glaube ich noch?

Wenn ein Gedanke dich quält,
dann deswegen, weil du ihn glaubst.

Diesen Satz hatte ich eines Tages plötzlich im Kopf, und er löste etwas in mir aus. Mir wurde klar, wie sehr ich all die unschönen Dinge glaubte, die ich mir tagtäglich selbst sagte, und wie schlecht ich mich deswegen fühlte. Genauso quälend sind all die alten Geschichten, die wir uns selbst immer wieder aufs Neue erzählen und glauben.

Wir glauben die Dinge, die andere irgendwann einmal über uns sagten. Wir glauben an die Grenzen, die andere Menschen uns ge-

setzt haben. Wir glauben, dass uns nur das möglich ist, was andere für möglich halten. Wir glauben so viele Dinge, die uns gar nicht (mehr) dienlich sind, und wir halten immer noch an alten Geschichten fest, die wir über uns selbst erzählen. Das ist wirklich tragisch, denn letztlich sind all diese Gedanken nur etwas, was wir glauben. Und glauben ist bekanntlich nicht wissen. Doch was wir wissen, ist, dass unser Glaube sehr stark wirken und unser Leben maßgeblich beeinflussen kann – und zwar in alle Richtungen. Unser Glaube formt unser Leben. Das, was wir glauben, tragen wir ins Außen. Oder anders gesagt: Unser Inneres wird im Außen sichtbar.

Natürlich kann man nicht alles pauschalisieren, und das möchte ich auch gar nicht. Ich möchte mit meinen Worten einen Reiz setzen, der dich dazu veranlasst, diesen Satz »Wenn ein Gedanke dich quält, dann deswegen, weil du ihn glaubst« einmal eine ganze Weile auf dich wirken zu lassen und deine Gedanken zu hinterfragen. Dein Ziel ist es, immer mehr DU zu sein und immer mehr dein eigenes Leben zu gestalten. Da ergibt es Sinn, zu hinterfragen, ob all das, was du glaubst und was dich verletzt, kleinhält, blockiert oder hemmt, wirklich wahr ist. Oder glaubst du es nur?

Für mich persönlich ist dieses Hinterfragen ein magischer Türöffner. Wann immer ich einen negativen Gedanken über mich habe, der mich einschränkt oder mir ein ungutes Gefühl gibt, erinnere ich mich daran, dass nur mein Glaube ihm Kraft gibt. Und dann kann ich mich entscheiden, ihn nicht mehr zu glauben. Und hier sind wir wieder bei der Kraft der Entscheidung. Ich habe mir versprochen und mich entschieden, immer mehr ICH zu sein, und dazu gehört auch, jeden Tag neue Entscheidungen zu treffen, die diese grundlegende Entscheidung untermauern. Und es wirkt. Bei mir und auch bei dir.

Was bin ich bereit, heute noch zu glauben?

Was entscheide ich mich, ab sofort zu glauben – über mich, über andere, über die Welt?

Welche alten Geschichten über mich möchte ich endlich nicht mehr glauben?

Du wirst erstaunt sein, was möglicherweise alles an die Oberfläche kommt. Und dann entscheide dich neu. Was bist du bereit, heute noch zu glauben?

DAS INNERE FEUER ENTZÜNDEN

Intrinsische Motivation

Erst einmal möchte ich kurz erklären, was die extrinsische Motivation von der intrinsischen Motivation unterscheidet. Die extrinsische Motivation kommt von außen. Hier motivieren uns äußere Anreize, z. B. die Arbeitsplatzgestaltung, die Anerkennung von außen, das Gehalt, etc. Natürlich gehören auch negative Anreize dazu, die wir vermeiden wollen, z. B. Stress mit dem Chef, Überstunden, Zwang etc. Hier werden Ziele oft von außen gesetzt, und wir fühlen uns verpflichtet, sie zu erreichen, in der Hoffnung auf Belohnung, Sicherheit, Ansehen, usw. Unsere Motivation hängt also von Faktoren im Außen ab.

Bei der intrinsischen Motivation kommt die Motivation hingegen aus unserem Inneren. Sie ist sozusagen naturgegeben, und wir verspüren sie immer dann, wenn wir etwas tun, was uns, unseren Werten und unseren individuellen Vorlieben entspricht. Wenn wir intrinsisch motiviert sind, sind wir mit Freude bei der Sache und haben echtes Interesse an dem, was wir tun. Dinge, die wir aus der intrinsischen Motivation heraus tun, sind unabhängig von äußeren Faktoren, z. B. der Anerkennung im Außen. Wir tun es wegen der Sache selbst.

ÜBUNG

An dieser Stelle möchte ich dich einfach einmal fragen, warum du die meisten Dinge tust.

Aus einer extrinsischen oder intrinsischen Motivation heraus? Prüfe das im Bezug auf alle Lebensbereiche, denn dies betrifft ja nicht nur die Arbeitswelt. Du kannst z. B. auch einmal schauen, wie oft du Dinge in deinem Alltag und in deiner Freizeit tust, die entweder extrinsisch oder intrinsisch motiviert sind. Prüfe auch, ob es einen Unterschied zwischen Dingen, die du für dich tust, und Dingen, die du für andere machst, gibt. Es ist wirklich spannend, dies zu hinterfragen, denn dann stellst du vielleicht fest, dass du viele Dinge tust, obwohl du es gar nicht wirklich willst, sie dich nicht interessieren oder du nicht hinter ihnen stehst. Dann frage dich, warum du all das tust, was eigentlich ein Nein von dir erfordert. Vielleicht aus der Angst heraus, nicht mehr dazuzugehören? Aus der Angst heraus, abgelehnt zu werden? Aus der Angst heraus, anderen nicht zu gefallen?

Ich möchte dazu sagen, dass extrinsische Motivation nicht per se etwas Schlechtes ist. Auch diese Art der Motivation hat ihre Berechtigung, und wir sollten sie nicht ablehnen. Manchmal ist es sehr wichtig, uns einmal zu etwas aufzuraffen, auch wenn uns selbst die Motivation fehlt, z. B., wenn ein Freund eine helfende Hand oder die Kollegin dringend unsere Vertretung braucht. Es geht nicht darum, nur noch das zu tun, worauf wir gerade Lust haben. Dafür gibt es einfach zu viele äußere Einflüsse und Herausforderungen, die unser LEBEN ausmachen und auf die wir eben auch einmal reagieren müssen, anstatt nur zu agieren.

Doch es hilft uns ungemein, einmal zu hinterfragen, wie oft wir aus einer extrinsischen oder aus einer intrinsischen Motivation heraus handeln, weil es uns vor Augen führt, wie fremdgesteuert wir oft handeln, oftmals gerade dann, wenn wir uns ruhig einmal erlauben dürfen, Grenzen zu setzen. Deswegen lade ich dich ein, dieses Thema mit in deinen Alltag zu nehmen. Hier und da lohnt es sich sicher, die beiden Motivationsarten wieder in eine Balance zu bringen, damit du mit Überzeugung und Lebenslust sagen kannst: »Ja, immer mehr ICH.«

Was motiviert mich?

Wenn du dir wünschst, dein Leben etwas öfter aus der intrinsischen Motivation heraus zu gestalten, du aber gar nicht so richtig weißt, was dich motiviert, dann frage dich:

Was begeistert mich?

Was weckt meine Lebensgeister?

Was entfacht mein inneres Feuer?

Bei welchem Thema werden meine Sinne hellwach?

Finde heraus, welche Themen, Begegnungen, Situationen und Informationen deine innere Motivation aktivieren. Wann wirst du hellhörig? Was weckt dein Interesse? Und mit welchen Dingen beschäftigst du dich richtig gern, ohne eine Motivation von außen zu brauchen?

Was lerne ich wahnsinnig gern? So ganz freiwillig und ohne Aufforderung?

Zu welchen Themen kann ich Wissen »aufsaugen«, ohne das Gefühl zu haben, es mir hart erarbeiten zu müssen?

Welche Tätigkeiten fühlen sich leicht an, und was kann ich stundenlang tun, ohne die Lust daran zu verlieren?

Und ganz wichtig:

Was berührt meine Seele?

Wann fühle ich mich angesprochen?

Welche Menschen begeistern mich, und warum ist das so?

Was erweckt meine Sehnsucht?

In unserem Alltag gibt es so viele Hinweise darauf, was uns begeistert, interessiert und berührt. Jeden Tag. Doch oft schauen wir über diese Impulse und Zeichen hinweg, weil wir zu sehr damit beschäftigt sind, auf all die Herausforderungen zu reagieren, die der Alltag für uns bereithält. Doch sie sind da, diese Zeichen, die dir genau verraten, was dir und deiner Seele entspricht. Und wenn du dich für all die zuvor gestellten Fragen öffnest und für eine Weile in dich hineinspürst, um Antworten zu finden, so hast du einen wahnsinnig wertvollen Schlüssel in der Hand, der dir hilft, öfter das zu tun, was DU wirklich möchtest, und damit wieder ein Stück mehr das Leben zu erschaffen, das du dir wünschst.

Was ist meine Seelenessenz?

Alles, was dich interessiert, berührt, begeistert und erfreut, entspricht deiner Seelenessenz. Wann immer du das Gefühl hast, dass du dich zu einem Menschen hingezogen fühlst (nicht nur auf partnerschaftlicher Ebene, sondern auf allen Ebenen), wann immer dich etwas berührt, begeistert oder dir dieses Kribbeln im Bauch schenkt, erlebst du einen dieser Momente, in denen deine Seele erkennt, dass hier dein Weg entlangführen könnte. Ich schreibe ganz bewusst »könnte«, weil letztlich DU entscheidest, ob du diesen Weg gehen magst. Es gibt so viele Möglichkeiten und Wege, so viele Chancen und Türen. Wenn wir eine Tür nicht öffnen, obwohl sie etwas Wundervolles für uns bereithält, so wird es noch viele weitere Türen geben, die auf uns warten. Wir müssen nicht allen Impulsen folgen, die wir erhalten. Doch wir dürfen immer mehr erspüren, welche Impulse für uns wirklich wichtig sind.

Das Leben ist ein Schlaraffenland. Jeden Tag stehen uns Millionen von Optionen offen – immer wieder aufs Neue. Wir müssen um vertane Chancen nicht trauern, sondern dürfen uns darauf freuen, dass es noch so viel mehr zu entdecken gibt. Und je mehr wir uns erlauben, unseren Seelenweg zu gehen, desto öfter trauen wir es uns auch zu, neue Wege auszuprobieren. Das bedeutet konkret, dass wir immer mehr auf unser Gefühl hören und unserer Begeisterung, Freude oder Sehnsucht folgen. Wenn wir wissen, was uns in unserem tiefsten Inneren motiviert, dann wissen wir auch, was unserer Seelenessenz entspricht, und können aus ihr schöpfen und unser Leben so gestalten, dass wir immer öfter intrinsisch motiviert handeln.

Das Leben ist ein Fluss, und alles verändert sich ständig. Genauso verändern sich auch die Dinge, die uns interessieren und begeistern. Was wir in den letzten Jahren interessant fanden, kann in den nächsten Jahren nicht mehr so relevant für uns sein. Das ist absolut natürlich. Dann kommen andere Dinge in unser Leben, die unsere Aufmerksamkeit erwecken und über die wir mehr wissen wollen. Das ist toll. Schließlich geht es im Leben um Selbstausdruck und Entwicklung. Es geht darum, das, was unserer Seelenessenz entspricht, in die Welt zu tragen, in welcher Form auch immer. Denn auch die Form ist fließend und wandelt sich ständig. Und die Entwicklung erlaubt es uns, diesen Weg mitzugehen, fließend, sich verändernd, wandelnd.

WARUM ES
ANDEREN
DIENLICH IST,
WENN ICH
MEIN WAHRES
ICH LEBE

Mein Leben

Immer mehr DU zu sein, mag dir vielleicht zunächst herausfordernd erscheinen, weil dieses Thema eng mit deinen Ängsten verbunden ist. Sei es die Angst, ausgegrenzt, abgelehnt oder kritisiert zu werden, oder die Angst, egoistisch zu handeln. Niemand möchte egoistisch sein. Und gerade in der spirituellen Szene wird es angeprangert, aus dem Ego heraus zu handeln.

Nun haben wir einerseits den Wunsch, uns selbst zu finden, unser Leben aus dem Inneren, aus unserer Seelenessenz, heraus zu gestalten und dem Ausdruck zu verleihen, was unserer ganz eigenen Seelenmelodie entspricht. Und andererseits fürchten wir uns, von anderen beurteilt zu werden, und wollen keinesfalls, dass jemand über uns sagt, dass wir jetzt »die Egoschiene fahren«, da das ja ein sicheres Zeichen dafür wäre, dass wir weder gute Menschen noch erleuchtet oder spirituell sein können. Was also tun? Wie gelingt es uns, auf diesem augenscheinlich schmalen Grad entlangzuwandern, ohne Schaden zu nehmen? Ohne Kritik, Ablehnung oder Verurteilung zu erfahren?

Die Frage ist doch vielmehr die, wie unser Leben verlaufen würde, wenn wir immer Entscheidungen treffen würden, die Kritik, Ablehnung oder Beurteilungen im Vorfeld verhindern sollen. Was würde das mit unserem Leben machen?

Was würde das mit DEINEM Leben machen?

Und während ich diese Zeilen schreibe, erinnere ich mich an einen Spruch, den ich einmal auf einem Grabstein gelesen habe:

»Allen hat ihr Leben gefallen, nur ihr selbst nicht.« Dieser Satz begleitet mich seither, kommt immer wieder an die Oberfläche, wenn ich mich von den Erwartungen anderer loseisen möchte und es mir noch etwas schwerfällt (Konditionierung lässt grüßen). Vielleicht hilft dieser Satz auch dir dabei, dir bewusst zu machen, dass DU mit deinem Leben zufrieden sein darfst. Erinnere dich daran, warum du den Wunsch hast, immer mehr du selbst zu sein und dein Leben von innen nach außen zu gestalten: Weil DU auf dich und dein Leben stolz sein und aus voller Überzeugung sagen möchtest: »Ja, ich bin begeistert, wie ich das alles gemacht habe«, anstatt einem fremdbestimmten Leben nachzutrauern – oder?

Ja, mache dir das bewusst: Ein Leben, das du nur nach den Erwartungen, Wünschen und Bedürfnissen anderer ausrichtest, ist kein Leben, das dir nachher »zurückgegeben« wird. Niemand wird an deinem Grab stehen und sagen: »Danke, du hast mein Leben angenehm gemacht. Jetzt schenke ich dir ein neues Leben, damit du einmal das tun kannst, was deinem Herzenswunsch entspricht.« Das wird nicht passieren. Ein gelebtes Leben ist gelebt, und du kannst es nicht noch einmal von vorn beginnen.

Bitte verstehe mich nicht falsch. Nächstenliebe ist etwas ganz Wunderbares, Wertvolles und Wichtiges. Sie macht die Erde zu einem besseren, friedvolleren Ort. Doch es sollte keine falsch verstandene Nächstenliebe sein, für die du all das aufgibst, wonach du dich sehnst, um anderen zu gefallen. Nächstenliebe ist das Versprechen, dass du dich in diesem Leben so zum Ausdruck bringst, wie du gedacht bist und wie es deiner Seelenessenz entspricht, denn so kannst du noch so unglaublich viel mehr in diese Welt tragen, was wahrlich wertvoll und bereichernd für andere ist. Indem du ganz du selbst und mit deinem Leben glücklich bist.

Meine stärkste Kraft

Es gibt eine Superkraft in dir. Eine Kraft, die dich beflügelt und es dir ermöglicht, ein Leben zu führen, von dem du begeistert bist. Ich habe es schon erwähnt, doch ich tue es noch einmal: Wir dürfen die Vorstellung loslassen, dass ein Leben, von dem wir begeistert sind, immer schön, leicht und rosarot ist. Ein wirklich gelebtes Leben hat Höhen und Tiefen. Und wenn wir ehrlich sind, sind es gerade die Tiefen, die uns neue Erkenntnisse bringen und uns über uns hinauswachsen lassen.

Menschen, die von ihrem Leben gelangweilt sind, fehlt dieses Gefühl der Lebendigkeit. Das sind Menschen, die nie etwas wagen und die stets darauf bedacht sind, es allen recht zu machen. Sie geben ihr eigenes Leben auf und verlieren immer mehr den Mut und die Willenskraft, für sich einzustehen und dem eigenen Herzen zu folgen. Und so kreieren sie ein Leben, in dem nur selten etwas Neues passiert. Natürlich sind auch sie nicht vor Schicksalsschlägen gefeit. Doch im Großen und Ganzen spielt sich ihr Leben innerhalb der eigenen Komfortzone ab.

Die Komfortzone ist der Bereich in unserem Leben, in dem wir uns die meiste Zeit aufhalten. Hier ist alles vertraut und einschätzbar. Doch manchmal spielen sich innerhalb unserer Komfortzone auch Dinge ab, die uns gar nicht guttun und die wir trotzdem akzeptieren, weil sie uns ein Gefühl der Sicherheit geben. Die Komfortzone ist nicht per se etwas Schlechtes, denn wir alle brauchen hier und da die Möglichkeit, uns zurückzuziehen, Kraft zu schöpfen und innezuhalten. Und das machen wir nicht in »fremden Gewässern«, in denen uns Abenteuer erwarten. Doch ein dauerhaftes Leben in der Komfortzone »trocknet«

uns innerlich aus und macht uns sozusagen zu toten Lebenden – wir brauchen die fremden Gewässer, um Neues zu entdecken.

Die stärkste Kraft, die dir innewohnt, ist deine Seelenessenz. Wenn du dich mit ihr verbindest und für dich spürbar wird, wofür dein Herz schlägt, was dich begeistert und was du in dieser Welt ausdrücken möchtest, so findest du damit auch einen Antrieb, über die Grenzen deiner Komfortzone hinauszugehen. Immer ein Stück weiter. Es müssen gar keine riesigen Sprünge sein. Kleine Schritte reichen aus, um deine Komfortzone auszudehnen und mehr Möglichkeiten für dich sichtbar zu machen.

Das Überschreiten bzw. Ausdehnen deiner Komfortzone ist immer mit etwas Neuem verbunden, sei es, dass du eine Fremdsprache lernst, ein neues Hobby ausprobierst, neue Länder bereist, neue Kontakte knüpfst oder einfach einmal Dinge tust, die du noch nie getan hast, weil dir immer der Mut fehlte. Einmal fällt es dir recht leicht, etwas Neues zu tun, und ein anderes Mal kostet es dich eine wahnsinnig große Überwindung. Doch wenn du etwas Neues ausprobierst, eröffnen sich dir auch wieder neue Wege, die du noch gar nicht kanntest. Wege, die zur Erfüllung deiner Träume und Sehnsüchte beitragen.

Wenn du aus deiner Seelenessenz heraus dein Leben kreierst und deinem Herzen folgst, dann wirst du auch auf Herausforderungen stoßen, bei denen es dir leichter fällt, sie anzunehmen, weil eine starke Kraft dahintersteckt: das Wissen, warum du es tun möchtest. Deine Sehnsucht führt dich, und du wagst es immer mehr, ihren Zeichen zu folgen. Der Weg des Herzens ist nicht der leichteste, weil du aus deiner Komfortzone hinausgelockt wirst, um all die Möglichkeiten zu entdecken, die dir dienlich sind. Doch weil du dir das Versprechen gegeben hast, die Melodie deiner Seele zum Ausdruck zu bringen, wirst du dich trauen. Du wirst es wagen. Du wirst es ausprobieren.

Du wirst Schritte wagen, die du nie gewagt hättest, wenn nicht die starke Kraft deiner Seelenessenz dich antreiben würde.

Deine stärkste Kraft ist deine Seelenessenz. Sie ist das, was durch dich zum Ausdruck gebracht und was von innen nach außen gelebt werden möchte. Und diese Kraft wird dich auch ermutigen und dir wieder auf die Füße helfen, wenn du einmal fällst.

Wenn du deine Seelenkraft nutzt und dir ein Leben kreierst, das deiner Seelenessenz entspricht, wirst du vermutlich nicht immer auf die Begeisterung deiner Mitmenschen stoßen. Doch warum ist das eigentlich so? Das kann durchaus mehrere Gründe haben. Es kann sein, dass die Menschen, die richtig gut zu dir passen, noch nicht in deinem Umfeld sind, weil du dich noch zu sehr anpasst. So konnten dich die »richtigen« Menschen noch nicht finden. Die »richtigen« Menschen sind nicht besser als die »falschen« Menschen – es ist vielmehr so gemeint, dass sie eine Seelenmelodie spielen, die deiner ähnelt oder die deine wunderschönen Klänge ergänzt. Die für dich nicht passenden Menschen spielen vielleicht eine ganz andere Melodie. Auch eine schöne, doch eben nicht passend zu deiner. Vielleicht hilft dir dieses Sinnbild, zu erkennen, dass nicht alle Menschen zu dir passen und dass du sie trotzdem als das sehen kannst, was sie sind: wundervolle Seelen mit ihrer ganz eigenen Melodie. So kannst du in Frieden mit ihnen kommen, ihnen ihre Melodie zugestehen und dir erlauben, DEINE Melodie zum Ausdruck zu bringen. Das kann dazu führen, dass sich andere Menschen, die nicht zu dir passen, im Spielen ihrer Melodie gestört fühlen und dich das spüren lassen. Wenn dir das passiert, ist das also durchaus ein Zeichen dafür, dass du dir schon ein wenig erlaubst, DU zu sein. Ein Grund zur Freude, auch wenn es natürlich schmerzhaft sein kann, von anderen plötzlich kritisiert oder abgelehnt zu werden. Doch hier greift wieder die Frage: Was ist die Konsequenz daraus, wenn du dich davon beeinflussen lässt?

Es kann auch sein, dass andere mit ihrer Angst konfrontiert werden, wenn du plötzlich andere Dinge tust, Neues wagst und mehr Klarheit darüber gewinnst, was du in deinem Leben (noch) akzeptierst und was du verabschieden möchtest. Wenn Menschen dich mögen oder sogar lieben, bekommen sie möglicherweise Angst, dass sie dich verlieren oder nicht mehr so erleben dürfen, wie sie dich kennen. Ein Anzeichen dafür kann der Satz sein: »Du hast dich verändert.« Diese Worte sind meist gar nicht böse gemeint, sondern eher ein Ausdruck von Unsicherheit. Dein Umfeld, oder zumindest ein Teil davon, kann dich nicht mehr so ganz einschätzen, und das führt zu Unbehagen. Sprich mit diesen Menschen ganz offen über deine Erkenntnisse, Träume und Sehnsüchte, damit sie verstehen können, was dich antreibt.

Mit deiner neuen Art, zu leben, kannst du andere auch unbeabsichtigt mit ihrer eigenen Bequemlichkeit, ihren Ängsten und Zweifeln konfrontieren, sodass sie sich genötigt fühlen, mehr aus ihrem Leben zu machen. Das fühlt sich für sie unbequem an, und vielleicht vermeiden sie den Kontakt zu dir. Vielleicht spüren sie selbst schon länger diese Sehnsucht in sich und wissen nicht damit umzugehen, weil sie nicht einordnen können, was das eigentlich genau ist. Und wenn sie es doch wissen, ist vielleicht das Vertrauen in ihre innere Stimme noch so gering, dass sie von Selbstzweifeln und Ängsten überrannt werden.

Was in allen Fällen hilft, ist, weiterhin zu deiner grundsätzlichen Entscheidung zu stehen, dein Leben von innen nach außen zu gestalten. Denn welche Wahl hättest du sonst? Was wäre die Konsequenz daraus, wenn du dich von den Zweifeln, Ängsten und Blockaden anderer Menschen leiten lassen würdest?

Deine stärkste Kraft ist deine Seelenessenz. Sie kann dich über alle Hindernisse hinwegtragen und sämtliche Herausforderungen meistern lassen, weil sie rein gar nichts mit Egoismus zu tun hat, sondern die ganze Welt bereichert. Sie ist allen dienlich, so oder so. Denn jeder Mensch, der dir begegnet, während du deine Seelenessenz lebst, wird von dir etwas mitnehmen können. Sei es die Erkenntnis, dass du nicht in ihr Leben passt, oder ein heller Funke, der auf sie überspringt und ihr eigenes inneres Feuer entfacht. Das kannst du gar nicht beeinflussen, denn jeder wird sich aus eurer Begegnung das mitnehmen, was für ihn passend und stimmig ist. Wirf die große Last der Verantwortung ab, die du vielleicht glaubtest, für andere zu haben.

Meine Vorbildfunktion

Jeder Mensch, der dir begegnet, entscheidet selbst, was er mit dir anfangen kann und will, wenn er dich in deiner Seelenenergie spürt, weil du deine Seelenessenz zum Ausdruck bringst. Vielleicht ist der ein oder andere dabei, der mit dieser Kraft nicht umzugehen weiß und sich zurückzieht. Das ist okay und berechtigt. Doch es wird auch Menschen geben, die sich von deiner Ausstrahlung und deiner Art, zu leben, inspiriert fühlen.

- Vielleicht halten es Menschen durch dich zum ersten Mal für möglich, sich selbst zum Ausdruck zu bringen.
- Vielleicht erlauben sich Menschen durch deine Art, zu leben, auch IHRE Art, zu leben.
- Vielleicht finden Menschen durch dich endlich den lang ersehnten Mut, neue Entscheidungen zu treffen, die auch sie mehr aus ihrer Seelenessenz schöpfen lassen.
- Vielleicht werden durch dich Menschen inspiriert, ihrem eigenen Herzen zu folgen und neue Schritte zu wagen, die sie ohne deine strahlende Energie niemals gewagt hätten.

Es ist und bleibt ein Dienst an die ganze Gesellschaft, wenn du aus DEINER Seelenessenz heraus dein Leben kreierst. Mache dir das bewusst. So wird es dir leichter fallen, es zu akzeptieren, wenn dich andere kritisieren oder zurückhalten wollen. Gehe deinen Weg trotzdem. Denke an die vielen Menschen, die dich als Vorbild brauchen. Denke an die vielen Menschen, die sich durch dich inspiriert fühlen und sich erlauben werden, ihren eigenen Seelenweg zu gehen, um am Ende ihres Lebens begeistert zu sein. Ist das nicht eine wunderschöne Vision? Ist das nicht etwas, wofür es sich wirklich lohnt, das eigene Leben von innen nach außen zu gestalten? Du machst DICH glücklich und gleichzeitig auch andere, weil sie deinem Vorbild folgen und sich selbst glücklich machen können.

Anziehung der passenden Menschen

Wenn du immer mehr DU bist, dann wirst du dich auch immer mehr trauen, dich so zu zeigen, wie du bist. Du wirst von deinen Träumen und Visionen erzählen und zum Ausdruck bringen, was dich ausmacht. So – und nur so – haben andere Menschen die Chance, DICH wahrzunehmen, und nur so hast du die Chance, von Menschen gefunden zu werden, die dich genau so mögen, lieben und wertschätzen.

Wenn du eine deiner vielen Masken trägst, kann nur sie gesehen werden. Vielleicht gibt es Menschen, die deine Masken mögen und deshalb in deinem Leben sind. Doch das bedeutet nicht, dass sich diese Menschen auch von dir angezogen fühlen, wenn du deine Masken fallen lässt und deine Seelenmusik spielst. Wenn du aber nicht aus deinem Inneren heraus schöpfst, wenn du nicht deinem Herzensweg folgst und dir nicht erlaubst, dich in deiner vollen Blüte zu zeigen, dann wird es einige oder sogar viele menschliche Beziehungen in deinem Leben geben, die nur aufgrund deiner Masken existieren. Diese Vorstellung fühlt sich nicht gerade freudvoll und erfüllend an, oder?

Doch wenn du dich in deinem Leben mehr zum Ausdruck bringst, so wirst du für andere Menschen spürbar und sichtbar. Sowohl für die passenden, als auch für die unpassenden. Und während sich die für dich »richtigen« Menschen von dir angezogen fühlen, weil sie sich mit dir identifizieren können und von dir inspiriert fühlen, gibt es genauso die Menschen, die nicht zu dir passen und sich deswegen direkt von dir abwenden, weil kein stimmiger Bezugspunkt mehr für sie da ist. Das ist positiv, denn so ziehst du automatisch genau die Menschen in dein Leben, die zu dir passen!

Doch was zeichnet einen zu dir passenden Menschen eigentlich aus? Zum einen bereichern und unterstützen dich diese Menschen in deinem Leben. Durch sie und mit ihnen hast du wunderbare Weggefährten, die dir den Rücken stärken, an dich glauben, dir Mut machen, dich anfeuern, mit dir lachen, mit dir weinen, mit dir feiern und dir zu gegebener Zeit auch einmal in den Hintern treten, wenn du stehen bleibst oder zweifelst. Mit diesen Menschen wird es leichter für dich sein, aus deiner Seelenessenz heraus das Leben zu kreieren, das du dir wünschst. Sie werden Vermittler, Türöffner, Wegbereiter, Unterstützer und Seelengefährten sein, während eure Seelenmelodien im selben Takt spielen. Und gleichzeitig bist du all das auch für sie. Auch du wirst sie durch dein Sein, deine Energie, dein Tun deine Handlungen und deine unbändige Liebe, mit der du dein Leben gestaltest, inspirieren und ermutigen. Es ist ein Geben und Nehmen. Ein Fluss, der vom einen zum nächsten fließt und wieder zurück. Gemeinsam schwingt ihr euch immer höher. Und am Ende werdet ihr alle begeistert sein. Jeder für sich und doch alle zusammen. Und dabei ist es nicht unbedingt so, dass ihr dieselben Ziele ansteuert, sondern ihr unterstützt euch gegenseitig, damit jeder genau das in seinem Leben zum Ausdruck bringen kann, was seiner Seelenessenz entspricht. Das ist Liebe pur, und es ist genau das, womit wir die Welt so unfassbar bereichern können.

Wenn du dir überlegst, welche Kettenreaktion es auslöst, wenn du dein Leben von innen nach außen gestaltest, dann wirst du gar nicht mehr anders können, als deinen inneren Impulsen endlich zu folgen. Du kannst dabei nichts falsch machen, sondern leistest einen großen Beitrag für die Menschen, die mit dir in Berührung kommen.

Es ist und bleibt ein Segen für dich und die Erde, wenn du dir immer mehr erlaubst, deinem Herzen zu folgen, und ich bitte dich aus meinem tiefsten Herzen, dass du nie vergisst, wie wertvoll deine Seelenenergie für uns alle ist. Lasse deine Masken fallen. Höre auf, allen gefallen zu wollen. Beginne, dir selbst zu gefallen. Erlaube dir, deinen inneren Impulsen zu vertrauen. Gehe deinen Weg, und alles wird sich wie von Zauberhand fügen. Wir alle brauchen dein Licht. Wir brauchen die Melodie deiner Seele, die in ihren schönsten Klängen spielt, frei, unbeschwert, leicht.

ENERGIE-VERLUST

Wann gebe ich zu viel von mir?

Ich möchte dich einladen, dich einmal mit der Frage zu beschäftigen, wann, wo und warum du zu viel von dir gibst. Doch dafür müssen wir erst einmal klären, was mit »zu viel« gemeint ist, denn es hat durchaus verschiedene Facetten. Der wichtigste Aspekt, an dem du erkennst, dass du zu viel gibst, ist: Diese Dinge kosten dich unverhältnismäßig viel Energie, Kraft und Zeit, weil sie nicht deiner Seelenessenz entsprechen, und geben dir nichts zurück. Mein Pferd kostet mich z. B. auch viel Zeit. Diese Zeit ist durchaus anstrengend und herausfordernd, doch sie GIBT mir so unglaublich viel, weil mein Pferd in mein Leben gehört und meiner Seelenessenz entspricht. (In meinem Buch »Wunsch meets Wunder« erwähne ich, dass ich mir ein Pferd wünsche. Dieser Wunsch ist mittlerweile ein Wunder geworden. Auf meinem Instagram-Profil »seelengefaehrtepferd« berichte ich von unserem Weg.)

Wenn du zu viel von dir gibst, bedeutet das, dass du z. B. …

- zu oft Ja sagst, obwohl du Nein sagen möchtest,
- zu oft Nein sagst, obwohl du Ja sagen möchtest,
- zu oft Dinge tust, die deinen Werten widersprechen,
- zu oft über deine Grenzen gehst, obwohl du innerlich schon lang ein »Stopp« wahrnimmst,
- zu oft erlaubst, dass andere deine Grenzen nicht respektieren,
- zu oft erlaubst, dass andere über dich bestimmen,
- zu oft die Bedürfnisse und Wünsche anderer Menschen in den Vordergrund stellst, anstatt dich um dich zu kümmern,

- zu oft deine Energie in Menschen, Dinge oder Situationen fließen lässt, nur um die Erwartungen und Forderungen anderer Menschen zu erfüllen,
- und du zu oft etwas tust, was dich schwächt oder kleinhält.

Es ist fast so, als würdest du mit all diesen Dingen ein Stück deiner Seele verkaufen, deine eigenen Träume, Wünsche und Bedürfnisse verraten und dein eigenes Leben nicht schätzen und ehren. Das mag vielleicht dramatisch klingen, doch ist es nicht wirklich tragisch, wenn du all die oben aufgeführten Dinge zu oft tust, zu oft erlaubst, zu oft aushältst? Denn was passiert dann mit deinem Leben? Was ist die Konsequenz daraus?

Mache dir bewusst: Es ist absolut richtig, zu geben. Etwas zu geben, ist wunderschön. Es gibt so viel, was du zu geben hast, ohne deine Energie zu verlieren, so viel, was die Welt bereichert und was dringend gebraucht wird. Alles, was dich auszeichnet, was deiner Seelenessenz entspricht, möchte in Form deines Selbstausdrucks in die Welt fließen. All das, was in dir angelegt ist, ist etwas, was du zu geben hast. Beginnend bei deiner Liebe bis hin zu deinen Gaben, Talenten und Fähigkeiten, die genutzt werden möchten. Mit ihnen dienst du dir selbst und allen anderen. Und gleichzeitig wirst du durch sie gestärkt, weil du in einer Energie schwingst, die aus deiner inneren Urquelle schöpft und somit unerschöpflich ist. Mit anderen Worten: Du gewinnst Kraft und Energie, weil du aus deiner inneren Quelle schöpfst. Hier liegt der entscheidende Unterschied, denn wenn du zu viel gibst, zu oft Dinge tust, sagst, erlaubst, akzeptierst, die nicht deiner Seelenessenz entsprechen, wirst du dadurch geschwächt und kraftlos. Es ist wichtig, diesen Unterschied zu erkennen und zu fühlen.

Deswegen frage dich immer, ob das, was du gibst …

- auch dir selbst guttut,
- Energie zu dir zurückfließen lässt,
- dich beflügelt
- und deiner Seelenessenz entspricht,

oder ob es …

- dich aushungert,
- dich austrocknet,
- dir Energie nimmt, ohne dass diese durch dein Tun wieder zu dir zurückfließt,
- und nicht deiner Seelenessenz entspricht.

Am Anfang ist diese Unterscheidung vielleicht nicht immer ganz leicht, weil es viele Konditionierungen und Glaubenssätze in unseren Köpfen gibt, die uns sagen wollen …

- was wir zu tun oder zu lassen haben,
- was nett ist und was nicht
- und was sich gehört und was nicht.

Doch wenn du dir bewusst machst, dass so manche »Das muss ich aber tun«-Gedanken deiner Prägung entspringen, dann fällt es dir leichter, hier genau hinzuspüren und zu hinterfragen: Darf ich jetzt wirklich nicht Nein sagen? Muss ich jetzt wirklich dieser Erwartung entsprechen? Sollte ich jetzt wirklich wieder etwas tun, was mich stundenlang schwächen wird, weil ich FÜR den anderen, aber schon wieder GEGEN mich entscheide?

Dieses Thema hat viele Facetten und birgt einige Stolpersteine, gerade weil unsere Glaubenssätze und Überzeugungen mitmischen. Doch allein das Wissen darum hilft uns, in gewissen Momenten erst einmal kurz innezuhalten und unser Bauchgefühl zu fragen, welches vertraute (und vielleicht sogar ausgediente) Muster wir gerade wieder abspulen wollen, obwohl es an der Zeit ist, neue Entscheidungen zu treffen.

Wann gebe ich zu viel von mir?

Wodurch verliere ich jeden Tag aufs Neue meine Energie?

Und wann darf ich mir mehr erlauben, bei mir zu bleiben und aus meiner Seelenessenz heraus zu schöpfen?

Es lohnt sich, dir diese Fragen zu stellen.

Wo gehe ich zu viele Kompromisse ein?

Zum Thema »zu viel geben« passt wunderbar die Frage, in welchen Situationen du zu viele Kompromisse machst. Natürlich geht es nicht ohne Kompromisse, und es kann auch Spaß machen, sich z. B. mit dem Partner zu einigen und Lösungen zu finden, mit denen beide leben können. Kompromisse gehören einfach dazu, wenn wir in einer Gemeinschaft leben, und helfen dabei, dass wir friedlich und stressfrei Zeit oder sogar ein ganzes Leben miteinander verbringen können. Sie sind also nichts Schlechtes, was es zu eliminieren gilt – bei Weitem nicht. Und doch lohnt es sich, dieses Thema einmal kritisch zu durchleuchten.

Sicher kennst du das auch: Es gibt Kompromisse, die dir leichtfallen, und solche, die richtig wehtun. Wenn dich ein Kompromiss traurig macht und dir enorm viel Freude nimmt, dann kannst du einmal hinterfragen, warum du diesen »Deal« eingegangen bist. Weil du den anderen nicht verletzen wolltest (dann lieber dich selbst)? Weil du glaubtest, dass es von dir erwartet wird (und du Angst vor den Konsequenzen hattest)? Weil du es gewohnt bist, bei solchen Dingen zurückzustecken (und es für dich ein fremdartiges Gefühl wäre, für dich und deine Bedürfnisse einzustehen)? Schaue genau hin.

Welches Muster könnte dahinterstecken?

Was möchte ich durch diesen schmerzhaften Kompromiss verhindern (z. B. Ablehnung, Wut, Stress) oder auch erreichen (z. B. geliebt, anerkannt oder wertgeschätzt zu werden)?

Was wäre das Schlimmste, was passieren könnte, wenn ich hier einmal für MICH einstehen würde, weil es mir wirklich wichtig ist?

Betrachte dieses Thema von sämtlichen Seiten. Das gibt dir die Chance, deine eigenen Muster zu erkennen und sie im Anschluss auch zu verändern, wenn diese gar nicht deiner Seelenessenz entsprechen. Vielleicht wirst du aber auch eine Erkenntnis haben, die es dir erlaubt, den Kompromiss einzugehen, ohne dich dadurch traurig zu fühlen, weil du auf einmal siehst, dass du lediglich deinen eigenen Gedanken und Bewertungen auf den Leim gegangen bist. So oder so, es lohnt sich, immer einmal wieder zu hinterfragen, warum du Kompromisse eingehst. Letztlich ist es die Summe der Kompromisse, die dich schwächt und deine Lebensfreude erheblich schmälert. Wenn es zu viele sind, solltest du öfter für dich einstehen.

ÜBUNG

Beobachte dich einfach einmal spielerisch in deinem Alltag.

Wie viele große und kleine Kompromisse gehst du tagtäglich ein, obwohl dein Herz laut ruft, dass es an der Zeit ist, da einmal genau hinzuschauen?

Wann möchte ich andere Menschen nicht enttäuschen?

In vielen Fällen gehen wir Kompromisse ein, wenn wir uns sorgen, andere zu enttäuschen. Oft sind es Kleinigkeiten, die wir immer wieder tun, sagen oder auch sein lassen, um andere nicht zu enttäuschen oder zu verletzen.

Du willst z. B. deinen Partner nicht enttäuschen und sagst ihm nicht …

- dass du eigentlich viel lieber Silberschmuck trägst,
- dass du abends lieber eine Stunde später ins Bett gehen möchtest,
- dass du eigentlich lieber einmal in die Berge fahren möchtest, anstatt wie immer ans Meer,
- dass du eigentlich gern einmal vegetarisch kochen würdest,
- dass du lieber bei offenem Fenster schläfst,
- etc.

Natürlich gibt es für alles eine Lösung, doch braucht es dafür erst einmal den Mut, die Dinge anzusprechen, obwohl der Partner dann vielleicht enttäuscht ist.

Wenn wir Menschen lieben, möchten wir sie ungern enttäuschen. So passiert es uns (meist zu) oft, dass wir Dinge hinunterschlucken, akzeptieren oder aushalten, die uns innerlich widerstreben. Auf die Dauer und in der Summe betrachtet, kostet es uns Kraft, Energie und Lebensfreude, wenn wir ständig versuchen, die Enttäuschung anderer zu verhindern. Auch hier können wir uns wieder die Frage stellen: Was macht es mit unserem Leben, wenn wir ständig darauf bedacht sind, andere nicht zu enttäuschen? Welche Konsequenzen hat das? Eine ehrliche Antwort auf diese Frage zeigt schnell, dass es sicherlich nicht gesund ist, gewisse alltägliche Dinge immer wieder hinzunehmen.

Wann gebe ich zu viel von mir, weil ich anderen eine Freude machen möchte?

Wo mache ich zu viele Kompromisse, damit andere nicht traurig sind?

Wann stehe ich nicht für mich ein, um andere nicht zu enttäuschen?

Nimm diese Fragen mit in deinen Alltag, und beobachte dich selbst. Hinterfrage deine Handlungen und dein Hinnehmen aus allen Blickwinkeln. Und dann frage dich, welche Konsequenzen es für dich und dein Leben hat, für deine Lebensfreude und deine Lebendigkeit, für deine Energie und deine innere Stärke, wenn du alten Mustern weiterhin folgst.

Dann kannst du neu entscheiden. Dann kannst du aus einer inneren Klarheit heraus abwägen, was für dich stimmig, machbar und akzeptabel ist. Du wirst mit etwas Übung klar entscheiden können, welche faulen Kompromisse für dich nicht mehr tragbar sind, und gleichzeitig wirst du andere Kompromisse aus vollstem Herzen und wirklich gern eingehen können, weil du dich so entschieden hast, und nicht, weil du alten Mustern blind und automatisiert gefolgt bist, ohne zu merken, was sie mit deiner Energie machen. Das ist der Unterschied.

Eine bewusst getroffene Entscheidung
für oder gegen einen Kompromiss,
für oder gegen eine Handlung
ist etwas völlig anderes als diese vielen
unbewussten, faulen Kompromisse,
die unserer Konditionierung entspringen.

AUSDRUCKS-
STARKES
FEUERWERK
ANSTATT KLEINES
TEELICHT

Frieden mit meinem Weg

Jeder Einzelne von uns trägt ein unbändiges Potenzial in sich. Und ich weiß gar nicht, ob ein Leben dazu ausreicht, dieses gesamte Potenzial freizulegen. Vielleicht ist das auch gar nicht wichtig. Vielleicht ist es einfach unsere Aufgabe, genau die Anteile freizulegen, die wir freilegen können und für unser Leben sinnvoll sind. Doch auch das ist für viele Menschen bereits eine große Herausforderung, denn das eigene Potenzial freizulegen, bedeutet auch, sich von dem »inneren Teelicht« zu verabschieden und das große Feuerwerk zu wählen.

Die meisten Menschen dimmen ihr Licht, halten es klein und unauffällig. So ist es ihnen möglich, sich anzupassen. Das bringt gefühlte Sicherheit und sichert die Existenz. Welche Ängste dahinterstecken und welche Konsequenzen das für unser Leben bedeutet, das haben wir schon ausführlich besprochen. Doch möchte ich in diesem Kapitel konkret darauf eingehen, welche Fragen du dir stellen kannst, um dir erstens selbst bewusst zu machen, wo und wann du dein Licht dimmst, und um zweitens zu erkennen, welche neuen Entscheidungen du treffen kannst.

Bewusstwerdung ist immer der erste Schritt. Auch wenn es oft schmerzlich ist, sich und seine Motive zu hinterfragen, so ist es bereits der Weg der Heilung. Es ist wichtig, genau hinzuschauen und den Dingen ins Auge zu blicken. Nur so erhalten wir Erkenntnisse, die uns dazu befähigen, neue Entscheidungen zu treffen.

Hadere nie mit dem Weg, den du bisher gegangen bist. Du hast zu jeder Zeit dein Bestes gegeben. Du hast zu jeder Zeit das getan, was dir möglich war. Du hast vielleicht manchmal so gehandelt, wie es dir vertraut war. Doch das ist okay und richtig. Denn letztlich

zeichnet genau dies den Weg deiner menschlichen Entwicklung aus. Dein Weg ist so oder so absolut vollkommen und bewundernswert.

Bevor wir mit den Fragen starten, die dein inneres Feuerwerk entzünden, das dich in den schönsten Farben zeigt, fühle den Frieden in dir.

ÜBUNG

Schließe deine Augen, und lege deine rechte Hand auf dein Herz.

Lasse jedes Mal, wenn du ausatmest, das Gefühl von Frieden in dir entstehen. Wenn du dich innerlich friedlich fühlst, richte deinen Fokus auf deinen bisherigen Weg. Fülle diesen Weg vor deinem inneren Auge mit Frieden. Dann mache dasselbe mit dem Weg, der noch vor dir liegt. Alles ist eins, und alles ergibt am Ende ein großes, rundes Ganzes. Wenn du das Gefühl hast, dass du deinen Lebensweg ausreichend mit Frieden gefüllt hast, kannst du deine Augen wieder öffnen und diese Übung beenden.

Wo nehme ich mich selbst immer wieder zurück?

Es gibt unzählige Situationen im Leben, in denen wir uns selbst zurücknehmen, weil wir nicht anecken wollen oder befürchten, anderen Menschen auf die Füße zu treten. Es beginnt damit, dass wir unsere eigene Wahrheit hinunterschlucken und in Momenten schweigen, in denen wir eigentlich gern einmal ein paar Worte sagen würden. Doch wir tun es nicht. Wir schweigen und verraten damit uns und unsere eigene Wahrheit.

Doch oft vertrauen wir auch unserer Stärke noch nicht. Wir nehmen uns zurück, wenn es darum geht, Neues zu wagen, weil wir es uns nicht zutrauen oder weil wir glauben, dass andere Menschen es besser können. Wir halten mit unserer Kraft, mit unserer Stärke und mit unserem Wissen hinter dem Berg, weil wir uns manchmal selbst nicht vertrauen, weil wir nicht mit unserer ureigenen Kraft umzugehen wissen oder weil wir nicht auffallen wollen. Es gibt viele Situationen, in denen wir uns selbst zurückhalten.

ÜBUNG

Erkenne die Momente, in denen du schweigst, anstatt zu sprechen, in denen du dich zurückziehst, anstatt voranzugehen, in denen du anderen etwas überlässt, anstatt es selbst auszuprobieren.

Vielleicht wirst du dich wundern, wie oft du dich täglich selbst zurückhältst. Hinterfrage deine Gründe dafür.

Was befürchte ich?

Warum nehme ich mich zurück?

Was sind meine Motive?

Und dann frage dich, was dies mit deinem Leben macht und welche neuen Facetten sich zeigen könnten, wenn du dich darin üben würdest, dieses »vornehme« Zurücknehmen einmal sein zu lassen, und du stattdessen das sagen, wagen und tun würdest, was längst fällig ist.

Wo erlaube ich es mir noch nicht, meinen Raum einzunehmen?

Diese Frage steht in engem Zusammenhang mit der Frage, wo du dich selbst immer wieder zurücknimmst, doch nun liegt der Fokus auf dem Raum, der dir zur Verfügung steht. Als du geboren wurdest, hast du einen Platz im Leben erhalten, einen Raum, der nur für dich bestimmt ist. Es ist der Raum, in dem du dich ausdrücken, ausleben und ausprobieren kannst. Es ist DEIN Raum, und er ist DEIN Leben. Du darfst dich in ihm ausdehnen und deine Seelenessenz zum Ausdruck bringen. In ihm klingt die Melodie deiner Seele. Er ist ein Geschenk an dich, und er wartet nur darauf, von dir eingenommen zu werden. Es ist dein Geburtsrecht, diesen Raum zu füllen, und zwar so, wie es dir gefällt. Doch wo erlaubst du es dir noch nicht, diesen Raum einzunehmen? Wo erlaubst du es dir noch nicht, dich darin auszudehnen? Wo erlaubst du es dir noch nicht, deiner Seelenessenz darin Ausdruck zu verleihen?

ÜBUNG

Stelle dir einmal vor, dass in diesem Moment deine letzte Lebensminute begonnen hat und du nun noch einmal kurz schauen kannst, wie viel deines Raumes du genutzt und gelebt hast.

Wie viel wäre das? Wie sehr hättest du deine Seelenessenz in deinen Raum hineinfließen lassen? Wie weit hättest du dich darin ausgedehnt? Und wie viel ungenutzter Raum würde noch vor dir liegen? Raum, der leer und farblos geblieben wäre?

Vielleicht spürst du anhand dieser Fragen, wie viel mehr du dich in deinem Lebensraum noch ausdehnen und ausbreiten darfst. Vielleicht erahnst du, dass dieser Raum wirklich für DICH bestimmt ist und dass nur DU seinen Inhalt kreieren darfst, indem du all die Dinge tust, die dein Herz erfüllen, die dich nähren und erfreuen. Wenn du in dich hineinspürst, dich in deinen Raum hineinfühlst, dann wird dir klar, dass es deine Aufgabe ist, ihn mit all den Dingen zu füllen, die du zum Ausdruck bringen möchtest. Wenn du ihn nicht nutzt, ist das so, als würdest du ein Geschenk ungeöffnet zurückgeben.

Wo erlaube ich es mir noch nicht, meinen Raum einzunehmen?

Welche Konsequenzen hat das für mein Leben, und welche neuen Entscheidungen möchte ich treffen?

Was möchte ich mir erlauben?

Die Gründe, warum wir uns verschiedene Dinge nicht erlauben, können vielseitig sein. Vielleicht fühlen wir uns zu klein, zu unbedeutend oder zu schwach. Vielleicht hängen wir zu sehr in alten Konditionierungen fest, die uns glauben lassen, dass sich gewisse Dinge »nicht gehören«, dass wir immer schön »den Ball flach halten« sollen oder dass wir nie vergessen sollen, »wo wir herkommen«. Vielleicht fühlen wir uns nicht wertvoll genug, um uns diese Dinge selbst zu genehmigen.

Oft gestehen wir anderen Menschen etwas zu, uns selbst jedoch nicht, weil wir gelernt haben, uns zurückzunehmen, weil wir denken, dass andere das von uns erwarten und gewohnt sind oder dass andere es uns nicht zutrauen. Egal, welche Gründe dahinterstecken – sie lösen ein Phänomen aus, das sich wie ein roter Faden durch unser Leben zieht: Wir warten. Wir warten auf die Erlaubnis anderer. Wir warten darauf, dass jemand zu uns sagt:

»Ja, du darfst.
Du darfst auch einmal anecken.
Du darfst deine Träume leben.
Du darfst für dich einstehen.
Du darfst deine Bedürfnisse erfüllen.
Du darfst mutig sein.
Du darfst in deine Größe kommen.
Du darfst dein inneres Feuerwerk entfachen, das dich in deinen schönsten Farben zeigt.
Du darfst deinen Raum einnehmen.
Du darfst alte Verpflichtungen loslassen.
Du darfst Verantwortung abgeben.

Du darfst auch einmal an dich denken.
Du darfst dich selbst glücklich machen.
Und ja, du darfst dein Leben so gestalten,
wie es dir gefällt!«

So eine offizielle Erlaubnis wäre schon etwas Feines, oder? Und sie würde sicher auch viel verändern. Denn wenn wir die Erlaubnis und das bedingungslose Ja von anderen hätten, dann könnten wir all dies endlich tun und leben. Doch so eine Erlaubnis, in dieser Form, wird es von außen nicht geben. Deshalb darfst und musst du dir diese Erlaubnis selbst erteilen. In deinem Inneren. Du darfst und musst deiner eigenen Erlaubnis so viel Gewicht geben wie der Erlaubnis anderer. Und wenn du dir einmal wirklich bewusst machst, dass du der Erlaubnis anderer Menschen mehr Bedeutung beimisst als deiner eigenen, erkennst du, wie fremdgesteuert du bist.

Wo nehme ich mich selbst immer wieder zurück?

Wo erlaube ich es mir noch nicht, meinen Raum einzunehmen?

Was erlaube ich mir noch nicht?

Wenn du diese drei Fragen für dich klärst, dich selbst beobachtest und jeden Tag neue kleine Entscheidungen triffst, die untermauern, dass du dich ab sofort immer mehr in deinem Lebensraum ausdehnst, so wird aus deinem inneren Teelicht ein ausdrucksstarkes, facettenreiches Feuerwerk werden, das diese Welt bereichert und in dir ein Gefühl der Erfüllung entfacht.

ÜBUNG

Entscheide dich neu!

Wie möchtest du deine eigene Erlaubnis gewichten? Möchtest du weiterhin auf die Erlaubnis anderer Menschen warten? Wie viel Bedeutung möchtest du ihr noch beimessen? Ermächtige dich selbst. Deine Erlaubnis ist Selbstermächtigung pur. Und was gäbe es, was dich mehr dazu befähigen würde, dein Leben von innen nach außen zu gestalten?

Was möchtest du dir erlauben?

Schreibe gern auf, was du dir ab sofort selbst erlauben möchtest und zu was du dich selbst ermächtigst. Du brauchst keine Erlaubnis von außen. Auf die kannst du mitunter sowieso lang warten. Erlaube es dir selbst! Dann werden automatisch auch einige Menschen um dich herum es sich selbst erlauben, ihren ganz eigenen Weg zu gehen. Gehe als Vorbild voran. Erlaube es dir.

SELBST-AUFGABE

Die Facetten der Selbstaufgabe

Selbstaufgabe hat so viele Facetten. Selbstaufgabe bedeutet im Grunde, dass wir unsere eigenen Bedürfnisse, Wünsche, Sehnsüchte und Werte aufgeben, weil wir die anderer Menschen als wichtiger erachten und uns somit immer wieder an die zweite (oder sogar dritte, vierte, fünfte) Stelle setzen. Wir stecken zurück, damit andere nicht enttäuscht sind. Wir schweigen, damit wir andere nicht verletzen. Wir entscheiden gegen unsere Werte, damit wir in den Rahmen passen. Wir bleiben stehen und gewähren damit anderen den Vortritt. Wir übernehmen Verantwortung, die uns gar nicht gehört. Wir lassen andere über uns verfügen, damit sich niemand schlecht fühlen muss (außer uns selbst). Wir leiden, damit andere es nicht tun müssen. Wir nehmen es in Kauf, ein unerfülltes Leben zu führen, damit alle um uns herum glücklich sind. All das gehört zur Selbstaufgabe. Wenn wir uns selbst aufgeben, nehmen wir unser eigenes Unglücklichsein in Kauf, damit andere nicht zu Schaden kommen.

Einmal davon abgesehen, dass ich nicht denke, dass diese »Strategie« funktioniert, weil wir unser Umfeld nur mit wahrhaftigem Glück anstecken können, nämlich dann, wenn wir selbst glücklich sind, so ist diese Art, zu leben, äußerst unbefriedigend. Lasse uns einmal auf ein paar Punkte genauer eingehen.

Wie kann ich für andere da sein, ohne mich selbst zu verlieren?

Es ist wunderbar, an andere zu denken. Ich liebe es auch, anderen eine Überraschung zu bereiten oder ihnen durch eine besondere Geste zu zeigen: »Ich denke an dich. Ich bin für dich da.« Und diese Dinge geben dem Leben diese Süße, dieses Gefühl der inneren Wärme und Geborgenheit. Lasse uns damit bitte niemals aufhören. Ich sage sogar eher: »Bitte mehr davon!« Doch es ist wichtig, aufzupassen. Für andere Menschen da zu sein, ihnen den Alltag zu versüßen, ihnen Liebe und Wertschätzung zu schenken und sich selbst auch einmal für sie hintanzustellen, bedeutet definitiv NICHT …

- ständig die eigenen Bedürfnisse hintanzustellen,
- ständig Dinge zu tun, die den eigenen Werten widersprechen,
- ständig für die Wünsche anderer zur Verfügung zu stehen,
- ständig andere deinen Traum leben zu lassen
- und ständig anderen Menschen alles Unangenehme und Belastende abzunehmen, während du immer mehr zu tragen hast.

Hier gilt es wirklich, genau zu hinterfragen, was deine Intention ist, wenn du an andere denkst und für sie da bist. Tust du es …

- weil du glaubst, dass andere wichtiger sind als du,
- weil du Angst hast, sonst kritisiert oder abgelehnt zu werden,
- weil du nicht egoistisch sein möchtest,
- weil du befürchtest, dass andere schlecht über dich denken oder sprechen könnten,
- weil du Angst vor Einsamkeit hast,
- weil du es dir selbst nicht wert bist, Energie in DEIN Leben zu stecken,
- weil du insgeheim glaubst, dass es in deiner Verantwortung liegt, andere glücklich zu machen,
- weil du glaubst, nur durch Selbstaufgabe eine Daseinsberechtigung zu haben,
- oder weil du glaubst, dass du ein schlechter, egoistischer und kalter Mensch bist, wenn du DICH an die erste Stelle setzt?

Doch woran erkennst du nun, was du anderen geben kannst, ohne dich zu verlieren? Du erkennst es daran, dass …

- es dir selbst gut geht und du deshalb auf ganz natürliche Weise etwas mit anderen teilen und ihnen etwas geben kannst,
- es dir leichtfällt, etwas zu geben, und du weißt, dass es dem anderen guttut,
- und du so viel Kraft und Stärke hast, weil dir dein eigenes Leben so viel Freude bereitet, dass es für dich ein Leichtes ist, einen Teil deiner Energie anderen zu widmen.

Wenn du oft an andere denkst, für sie sorgst, sie unterstützt, ihnen den Rücken stärkst und für sie da bist, dann ist es deine Intention dahinter, die dein Selbstwertgefühl stärkt oder schmälert. Denn wann immer du etwas von dir gibst, weil du genug hast, stärkst du dich selbst. Wann immer du etwas von dir gibst, obwohl es dir selbst nicht oder zu wenig zur Verfügung steht, schwächst du dich. Das bedeutet, dass du immer zuerst schauen darfst, ob du von dem, was du geben möchtest, genug hast. Nehmen wir einmal die Zeit als Beispiel. Wenn du ausreichend Zeit hast und sie anderen widmest, stärkst du deine Energie. Wenn dir jedoch für die alltäglichen Verpflichtungen selbst die Zeit fehlt, schwächt es dich, wenn du zusätzlich versuchst, für andere da zu sein.

ÜBUNG

Was ist deine Intention dahinter, wenn du an andere denkst?

Stärkst oder schwächst du damit deine eigene Power und Schaffenskraft? Welches Gefühl hinterlässt es in dir, wenn du zu viel für andere tust? Spüre in dich hinein, und du wirst sehr klar wahrnehmen können, was es mit dir macht, wenn du zu viel, vielleicht an falscher Stelle, an andere denkst. Und umgekehrt wird es dir dann in Zukunft noch viel mehr Freude machen, aus vollem Herzen an andere zu denken und für sie da zu sein. Der ausschlaggebende Unterschied ist immer deine Intention dahinter, warum du etwas tust.

Wo denkst du (zu viel) an andere?

Was ist deine Intention dahinter?

Und schwächen oder stärken dich die Dinge, die du für andere tust?

Wenn du diese Fragen im Hinterkopf behältst und in Zukunft mit deinen Handlungen abgleichst, wird es dir leichter fallen, in gewissen Situationen auch einmal an dich zu denken – aus Überzeugung, aus Liebe zu dir und aus Freude an deinem Leben.

Wo lasse ich es zu, dass andere meinen Traum leben?

Vielleicht kommt dir diese Frage zunächst etwas seltsam vor. Wann solltest du auch schon andere deinen Traum leben lassen? Wie sollte das gehen? Das passiert immer dann, wenn du gern etwas tun möchtest, dich aber zurückziehst, weil ein anderer in DEINEN Raum eindringt und du ihm das Zepter überlässt, ohne für dich einzustehen. Ohne selbst Ja zu deinem Traum zu sagen. Ohne dir zu erlauben, dich in deinem Raum auszudehnen. Du ziehst dich stattdessen zurück, verkriechst dich in deinem Schneckenhaus und leckst deine Wunden, weil deine Selbstzweifel sehr laut werden und du ihnen Glauben schenkst. Das fühlt sich fürchterlich an, und dein Selbstwertgefühl sinkt automatisch in den Keller.

Doch warum sinkt dein Selbstwertgefühl in den Keller? Weil du nicht für dich eingestanden bist. Weil du Nein zu dir selbst gesagt hast. Weil du dir nicht erlaubt hast, deinen Raum einzunehmen. Stattdessen breitet sich ein anderer dort aus, holt sich, was du wolltest. Und es liegt nicht an dem anderen. Es liegt an dir, weil du es zugelassen hast. Und dein Unterbewusstsein weiß das. Es weiß, dass du dich selbst sabotierst und es dir nicht zugetraut hast. Dein Selbstwertgefühl sinkt. So ist das Spiel. Die Frage ist, ob du dieses Spiel weiterhin spielen möchtest.

Ein Beispiel aus dem Alltag: Eine Frau erfüllt sich einen Herzenswunsch und kauft sich einen Hund. Sie hat schon Ideen für gemeinsame Abenteuer und freut sich auf viele fröhliche Stunden mit ihm. Als der Hund endlich bei ihr einzieht, entdeckt auch ihr Mann seine Liebe für Hunde. Er ist so begeistert, dass er den Hund sehr oft für sich in Anspruch nimmt. Die Frau überlässt ihrem Mann ihren Hund mehr und mehr, ohne mit ihrem Mann zu sprechen. Sie wird zunehmend trauriger. Sie hat ihm ihren Raum überlassen, ohne ihre Grenzen zu schützen und für ihre Träume einzustehen.

Möchtest du es weiterhin zulassen, anderen deinen Raum zu überlassen? Möchtest du es weiterhin zulassen, dass andere deinen Traum leben und sich das holen, was du dir für dich gewünscht hast? Möchtest du es weiterhin zulassen, dass du dich immer wieder zurückziehst und anderen das Zepter überlässt, obwohl du es schwingen solltest? Bestimmt nicht.

Ich hatte zu Beginn dieses Jahres eine prägende Erkenntnis. Ich schrieb über ein Thema, das mich damals beschäftigte, meine Morgenseiten*, und ich erhielt im Schreibprozess eine Botschaft. Aus ihr ging ganz klar hervor, dass ich schon immer dazu geneigt hatte, mich zu schnell zurückzuziehen, anstatt für meine Träume einzustehen, meinen Raum einzunehmen, und dass ich es somit anderen Menschen ermöglichte, MEINEN Traum zu leben, auf meine Kosten. Als ich das erkannte, habe ich mir geschworen, dieses ausgediente alte Muster des ständigen Rückzugs endgültig loszulassen und mir von diesem Zeitpunkt an das zu nehmen, was ich lange Zeit vorbereitet hatte. Meinem Selbstwertgefühl tat das sehr gut.

* Meinen Kurs »Die magische Kraft der Morgenseiten« findest du als Selbstlernkurs im E-Book-Format auf meiner Webseite www.sabinebromkamp.de.

Wo ziehe ich mich zu schnell zurück und überlasse anderen das Feld, MEIN Feld, meinen Raum?

Und welche Konsequenz hätte es für mein Leben, wenn ich dies weiterhin tun würde?

Wofür stehe ich zur Verfügung?

Diese Frage ist unglaublich kraftvoll, denn sie fordert dich auf, einmal zu hinterfragen, was du tagtäglich so alles mit dir machen lässt und vor allem wen oder was du in dein Leben hereinlässt. Ja, du entscheidest, wen oder was du in dein Leben einladen möchtest! Du entscheidest, wer dir guttut, wie mit dir gesprochen wird, was dir von anderen zugemutet oder welche Verantwortung dir übertragen wird.

Für all die Dinge, die du eigentlich gar nicht in deinem Leben haben magst, aber dennoch über dich ergehen lässt, stehst du aktuell noch zur Verfügung, weil du keine Grenze ziehst. Sei es der Partner, der dich kleinhält, oder die ständig nörgelnde Schwester. Seien es die Intrigen der Kollegen, Beleidigungen, Unverschämtheiten oder Demütigungen. Sei es, dass dir immer wieder Aufgaben übertragen werden (ob in der Familie oder im Beruf), um ANDEREN das Leben angenehmer zu machen, oder ein Mensch, der dich heute gut behandelt und morgen wieder schlecht. Sei es die Freundin, die dich ständig versetzt, oder der Kunde, der sich nie voll und ganz für die Zusammenarbeit mit dir entscheiden kann.

Was lasse ich alles mit mir machen?

Was lasse ich alles über mich ergehen?

Was dulde ich tagtäglich?

Wie oft lasse ich es zu, dass andere mir über den Mund fahren?

Wie sehr lasse ich mir die Hörner aufsetzen?

Und wie oft lasse ich mich in ein »Heute so, morgen so«-Spielchen hineinziehen, dem ich mich hilflos ausgeliefert fühle?

Erkenne all die Situationen in deinem Leben, die ein ungutes Gefühl in dir hervorrufen. Erkenne, was du akzeptierst, obwohl dein Selbstwertgefühl darunter leidet. Erkenne, was du alles mit dir machen lässt, obwohl deine Seele darüber weint. Frage dich, ob du für all diese Dinge weiterhin zur Verfügung stehen möchtest. Und triff dann deine Entscheidung. Jeden Tag aufs Neue. Setze neue Grenzen. Kläre für dich, wofür du noch zur Verfügung stehen möchtest. Werde dir der Dinge bewusst, die für dich wirklich akzeptabel und stimmig sind.

Oft ist es schwer, eine glasklare Grenze zu ziehen. Setze dir deshalb eine Unter- und eine Obergrenze. Alles, was über der Obergrenze liegt, ist stimmig für dich, und alles, was unter der Untergrenze liegt, ist nicht akzeptabel. Bei allem, was zwischen diesen beiden Grenzen liegt, darfst du noch einmal genauer hinsehen. Das ist sozusagen dein Spielraum, in dem du auch einmal ein Auge zudrücken kannst. Beide Grenzen anzuheben, ist wichtig, denn es nutzt nicht viel, nur die Obergrenze anzuheben, wenn die Untergrenze an der alten Position bleibt, weil du dann immer noch für Dinge zur Verfügung stehst, die dir nicht guttun.

Wann immer du etwas erlebst, was in dir ein unangenehmes Gefühl hinterlässt, frage dich, ob du dafür noch zur Verfügung stehen möchtest. Wenn nicht, so kläre deine Energie, versetze deine Grenzen, und kommuniziere sie klar und deutlich. Auch für mich ist das immer wieder eine Übung. Manchmal fällt sie mir leicht, manchmal ist sie herausfordernd. Doch immer ist sie stärkend, transformierend und heilend FÜR MICH.

Wofür möchte ich ab sofort zur Verfügung stehen?

An welchen Stellen möchte ich meine Grenzen neu stecken?

Es ist eine wunderschöne, erlösende Aufgabe, dich mit diesen Fragen zu beschäftigen. Und wenn du darin etwas geübt bist und Klarheit darüber gewinnst, was du in deinem Leben noch akzeptieren möchtest und was nicht, so wirst du dir fast wie von Zauberhand ein Leben erschaffen, dass du von innen nach außen gestaltest – entsprechend deiner Werte und ausgerichtet nach deinen Bedürfnissen, Sehnsüchten und Träumen. Genieße diesen Prozess, denn du wirst dich immer stärker und selbstbewusster fühlen.

Es gibt Phasen in unserem Leben, in denen wir viel Verantwortung übernehmen, z. B. dann, wenn wir heiraten, wenn wir Kinder bekommen, wenn wir eine wichtige, neue Aufgabe oder einen neuen Job annehmen, wenn wir die Pflege der Eltern übernehmen, wenn wir ein Haus bauen etc. Das sind Phasen, die einfach zum Leben dazugehören, und sie können richtig anstrengend sein. Doch wir meistern diese besonderen Situationen und können oft sogar mehr Verantwortung tragen, ohne daran zu zerbrechen, als wir es uns zuvor zugetraut haben. Manchmal wirkt die Verantwortung beflügelnd oder hält uns in Aktion, um unser Ziel zu erreichen. Verantwortung ist nichts Schlechtes, sie ist ein völlig normaler, natürlicher Teil des Lebens. Doch manchmal kann sie uns auch krank machen und unsere Energie auf ein Minimum senken. Das passiert, wenn wir eine Verantwortung übernehmen, die uns gar nicht gehört. Wir fühlen uns so manches Mal zuständig, verantwortlich oder verpflichtet, obwohl wir das gar nicht sind. Und oftmals liegen diese Verantwortungen nicht auf der physischen Ebene, sondern auf der emotionalen.

In meiner Arbeit fällt mir oft auf, dass Menschen sich verantwortlich fühlen für …

- das Glück des Partners,
- den Erfolg der Kunden,
- die Zufriedenheit der Eltern,
- den Stolz des Vaters,
- die Genesung der Mutter,
- das Zusammenbleiben der Familie,
- die Kraft des Ehemanns,
- das Lebensglück der Freundin
- etc.

Die Liste ist lang. Wir fühlen uns an so vielen Stellen zuständig. Wir übernehmen so oft die Verantwortung. Wir fühlen uns so oft verpflichtet. Und wir zerbrechen an dieser Last, weil wir uns selbst etwas auferlegen, was wir gar nicht tragen oder verantworten können.

Es ist oft gar nicht UNSERE Aufgabe, sondern die des anderen. Doch wir fühlen uns zuständig, nehmen ihm etwas ab und beschweren damit unser eigenes Leben.

Bitte verstehe mich nicht falsch. Verantwortung zu übernehmen, ist nichts per se Negatives. Doch wir dürfen unterscheiden lernen, wann wir wirklich verantwortlich sind und wann nicht. Denn der Punkt ist, dass Verantwortung, die wir von anderen auf uns übertragen haben, nicht von UNS zu bewältigen ist. Das wäre ein Kampf gegen Windmühlen, denn nur derjenige, dessen Aufgabe es ist, kann diese Verantwortung tragen. Wir können die Aufgaben anderer nicht lösen. Der Versuch nimmt uns Lebensenergie, wir werden geschwächt, und es steht uns weniger Kraft für unsere eigenen Aufgaben zur Verfügung.

Wir meinen es ja oft gut, wenn wir andere Menschen »retten« wollen oder uns zuständig oder verantwortlich fühlen. Doch meistens vergessen wir dabei, dass wir in dem Moment, in dem wir die (emotionale) Verantwortung für einen anderen Menschen übernehmen, nicht nur uns selbst, sondern zugleich auch den anderen schwächen, weil wir ihm die Verantwortung wegnehmen, die zu tragen ihn befähigen kann, das eigene Leben anzupacken und Neues zu schöpfen und zu kreieren.

Außerdem fühlt es sich für den anderen (wenn auch unbewusst) oft so an, als würden wir es ihm nicht zutrauen, selbst eine Veränderung einzuleiten, wenn wir uns seine Verantwortung aufladen.

Und was wäre, wenn der andere gar nichts an seiner Situation verändern will? Hat nicht jeder das Recht, selbst zu wählen? Sollten wir nicht jedem die Möglichkeit geben, selbst entscheiden zu dürfen oder sich aus eigenem Antrieb heraus zu entwickeln, gemäß seinem Tempo? All das sprechen wir dem anderen ab, wenn wir uns verantwortlich fühlen, obwohl es gar nicht unsere Aufgabe ist.

Ich weiß, dass das Thema »Verantwortung« kein leichtes ist. Manchmal bewegen wir uns auf einem schmalen Grad und wissen einfach nicht so genau, was jetzt richtig ist. Ab und zu braucht jemand schließlich wirklich unsere Hilfe, und manchmal fühlen wir uns verantwortlich, weil wir unseren Werten folgen. Auch hier hilft es, nach der Intention dahinter zu fragen:

Warum mache ich das?

Warum fühle ich mich verpflichtet?

Weshalb übernehme ich so viel Verantwortung?

Warum fühle ich mich immer angesprochen und zuständig?

Und was macht das mit mir und meinem Leben?

ÜBUNG

Verschaffe dir Klarheit über deine Beweggründe und über die Konsequenzen für DEIN Leben, wenn du ständig Verantwortung und Verpflichtungen übernimmst, die mitunter gar nicht deine sind.

Hinterfrage, wo du in deinem Leben noch alte Verpflichtungen aufrechterhältst, obwohl deine ursprüngliche Aufgabe längst erledigt ist. Denn all das kostet dich wertvolle Energie.

Hole dir deine Energie zurück, und stärke andere, indem du genau hinterfragst, wann du WIRKLICH verantwortlich bist. Und dann entscheide dich, wie du mit deinen neuen Erkenntnissen umgehen willst.

SELBST-ABWERTUNG

Wenn wir uns weniger Wert geben

Der Begriff »Selbstwert« ist in aller Munde. Es werden Unmengen an Büchern darüber geschrieben, und gefühlt wünscht sich jeder Mensch ein gesundes, starkes Selbstwertgefühl. Doch der Begriff »Gefühl« verrät, dass wir uns oft doch nicht so einen starken Selbstwert geben. Wir fühlen uns weniger wert als andere. Wir halten andere für besser, schöner, erfolgreicher, liebenswerter, interessanter als uns selbst. Und das, was wir können oder zu geben haben, spielen wir herunter. Wir fühlen uns oft klein und unbedeutend, ganz im Gegensatz natürlich zu den anderen, die wir immer wieder auf ein Podest der Bewunderung heben.

Vielleicht kommt dir das bekannt vor? Vielleicht fühlst auch du dich manchmal klein, unbedeutend und unscheinbar? Vielleicht hast du hin und wieder das Gefühl, dass jeder irgendetwas gut kann, dass jeder irgendetwas Tolles zu geben hat, dass jeder irgendetwas Besonderes in sich trägt, nur du nicht? Vielleicht siehst du die Besonderheit in anderen, aber nicht in dir? Vielleicht gibst du den Dingen, die andere auszeichnen, besonders viel Wert und wertest die Dinge, die an dir besonders und einzigartig sind, ab?

Wenn es dir so geht, dann bist du damit nicht allein. Ich glaube, es geht fast allen Menschen so – oder zumindest sehr vielen. Und das Verrückte ist, dass die anderen Menschen in DIR das Besondere und Einzigartige sehen, aber in sich selbst nicht, während DU deinen Wert nicht erkennen kannst, jedoch den im anderen. Das ist wie bei einem Schmetterling. Er kann seine eigenen Flügel nicht sehen, jedoch die

Farbenpracht seiner Gefährtinnen und Gefährten. Und umgekehrt. Doch dieses Beispiel hinkt etwas, denn du bist sehr wohl in der Lage, deinen Wert, deine Schönheit, deine Besonderheit zu erkennen (und vielleicht weiß ja auch der Schmetterling, dass er wunderschön ist).

Wenn du dein Leben von innen nach außen gestalten und dir ein Leben kreieren möchtest, das du liebst und von dem du begeistert bist, dann ist es an der Zeit, dieses alte Muster »Alle sind so viel wert, doch ich bin wertlos« abzulegen. Es ist an der Zeit, deinen Wert zu erkennen, ihn zu fühlen, ihn wertschätzend anzuerkennen. Es ist an der Zeit, dir zu erlauben, dich wertvoll zu fühlen. Ja, vielleicht hapert es aktuell einfach noch daran, dass du es dir nicht erlaubst. Vielleicht denkst du: »Wer bin ich denn schon, um mich wertvoll zu fühlen? Wer bin ich denn schon, dass ich mich wertvoll fühlen darf? Wer bin ich denn schon, dass ich es mir leisten könnte, mich wertvoll zu fühlen?«

An dieser Stelle möchte ich dir sagen: Du BIST wertvoll, weil du hier bist. Du BIST wertvoll, weil du geboren wurdest, und das hat IMMER einen Grund. Niemand wird einfach so geboren. Jeder bringt etwas mit, was die Welt bereichert, in welcher Form auch immer. Und es gibt etwas, was du zu teilen hast, was du zu geben hast, etwas, was die Welt ein bisschen bunter und schöner macht. Und wenn du das erkennst, dann ist es für dich selbstverständlich, deinen Wert anzunehmen. Deswegen ist es wundervoll, dienlich und bereichernd für alle, wenn du dich für deinen EIGENEN Wert öffnest und beginnst, immer mehr zu sehen, wie wundervoll du bist.

Welche Talente, Fähigkeiten und Gaben empfinde ich als selbstverständlich?

Das größte Problem ist, dass wir glauben, wir könnten nichts. Wir glauben, wir hätten nichts Besonderes zu geben. Wir glauben, wir hätten nichts zu teilen, was gebraucht wird. Dabei tun wir das, was uns auszeichnet, schon unser Leben lang. Doch meist ist uns das nicht bewusst. Denn unsere Gaben, Talente und Fähigkeiten sind Geschenke, mit denen wir geboren wurden. Wir sind mit diesen Geschenken aufgewachsen, und sie fühlen sich für uns vollkommen normal und unspektakulär an, weil wir es nicht anders kennen. Oder, um einmal ein paar Beispiele zu nennen, damit es Klick bei dir macht: Fühlt sich dein Arm besonders an? Schenken dir deine Beine täglich ein Wow-Erlebnis, weil du sie so schätzt und anerkennst? Bist du jeden Tag aufs Neue von deinen Augen verzückt, weil du so gut mit ihnen sehen kannst und weil sie dir so unfassbar viel ermöglichen? Nein,

sicher nicht. Weil sie für dich ganz normal sind. Du bist mit deinem Körper aufgewachsen. Er ist dir vertraut und löst in dir nicht das Gefühl aus, etwas ganz Besonderes zu haben. Und genau so ist das auch mit deinen Talenten, Gaben und Fähigkeiten. Sie sind so sehr in dir verankert, und du nutzt sie so oft, dass sie dir nicht bewusst sind. Und dabei geht es gar nicht um offensichtliche Dinge, die wir im Allgemeinen als Talent bezeichnen, z. B., wenn jemand sehr gut zeichnen oder Klavier spielen kann. Es sind die kleinen Dinge, die dich auszeichnen, z. B. die Art, …

- wie du die Welt siehst,
- wie du aus jeder Situation das Beste herausholst,
- wie du dein Mitgefühl zum Ausdruck bringst,
- wie du deine Worte wählst, um andere zu ermutigen,
- wie du lachst und andere immer wieder damit ansteckst,
- wie du jemanden ansiehst und ohne Worte spürbar machst, wie es sich anfühlt, geliebt zu werden,

- wie du von Dingen erzählst, die dich begeistern, und in anderen eine Lebendigkeit erweckst,
- wie du andere in den Arm nimmst, um Trost und Liebe zu schenken,
- und wie du in das Seelenleben anderer hineintauchen kannst und sie sich, vielleicht zum ersten Mal in ihrem Leben, verstanden fühlen.

Ich könnte hier noch Tausende Beispiele aufzählen, die DICH wertvoll machen, die DICH einzigartig machen. Du musst nicht perfekt Geige spielen oder große Leinwände mit wunderschönen Motiven bemalen. Du musst nicht ganze Konzerthallen füllen oder vor Tausenden von Menschen sprechen. Du musst nicht Bestseller-Autor werden oder Schauspieltalent besitzen, um dich wertvoll zu fühlen. Für jeden Menschen gibt es einen Platz. Und keiner dieser Plätze ist wertvoller als der andere. Kein Talent ist wertvoller als das andere – mag es für alle offensichtlich oder eher unscheinbar sein.

Du bist wertvoll. Mit allem, was DICH auszeichnet. Und du darfst es dir erlauben, dich wertvoll zu fühlen. Jetzt, heute, hier. Ohne dafür jetzt etwas tun zu müssen. Ohne dafür jetzt etwas Neues lernen zu müssen. Ohne dafür jetzt einen Beweis liefern zu müssen. Du BIST wertvoll. Du bist es schon immer gewesen, und du wirst es immer sein.

ÜBUNG

Schließe für einen Moment die Augen, und sage dir: »Ich bin wertvoll, weil ich bin, wie ich bin. So bin ich gewollt.«

Dann blicke auf dein bisheriges Leben zurück, gehe auf Entdeckungsreise, und frage dich:

Welche Dinge habe ich schon immer gern getan?

Was habe ich in meiner Kindheit gern gespielt oder gemacht?

Was fällt mir schon immer sehr leicht?

Was habe ich auf ganz natürliche und ungezwungene Weise schon immer zu geben?

Was liegt mir im Blut?

Was an mir begeistert seit jeher die Menschen, die mit mir in Berührung kommen?

Was können andere von mir lernen?

Was zieht sich wie ein roter Faden durch mein Leben?

Ich weiß, dass diese Fragen nicht immer leicht zu beantworten sind, weil wir sprichwörtlich den Wald vor lauter Bäumen nicht sehen. Wir sind da wahrlich »betriebsblind«, weil uns unser Naturell, also auch das, was wir zu geben haben, so im Blut liegt und uns so vertraut ist, dass wir all diese Dinge gar nicht wahrnehmen und erkennen, geschweige denn sie zu schätzen wissen.

Mir fällt es z. B. leicht, Texte, Blogbeiträge und Artikel zu schreiben. Die Worte fließen einfach aus mir heraus, und für mich fühlt sich das völlig unspektakulär an. Nie hätte ich gedacht, dass das etwas ist, was mich auszeichnet. Lange Zeit dachte ich, dass ich doch nichts Besonderes kann. Ich sah z. B. all die tollen Menschen, die geniale Videos erstellten und auf diese Weise ihre Botschaften verbreiteten. Videos zu erstellen, liegt mir persönlich nicht so, weil es mich mehr herausfordert als das Schreiben. Hier könnte ich Gefahr laufen, all diejenigen zu bewundern oder sogar zu beneiden, die wunderbare Videos kreieren, und mich selbst dabei abzuwerten, weil es mir nicht im Blut liegt. Doch andersherum kann es genauso sein. Diejenigen, für die es ganz leicht ist, vor der Kamera zu stehen, wünschen sich vielleicht, leichter und besser schreiben zu können. Und so ist es eben doch nicht »normal«, sich im Thema »Schreiben« so zu Hause zu fühlen, wie ich es früher annahm. Das durfte ich erkennen, und mir fiel auf, dass ich auch in meiner Kindheit schon wahnsinnig gern geschrieben habe. Selbst als ich noch gar nicht schreiben konnte, kritzelte ich einfach irgendetwas auf das Papier und setzte ab und zu einen Punkt dahinter.

Genauso liegt es mir im Blut, mich in Menschen, Tiere und alle Lebewesen hineinzufühlen. Ich bin ein absoluter Gefühlsmensch und habe sehr feine Antennen. Bei meiner Arbeit fließen mir im Coaching-Prozess Informationen »von oben« zu, die mir helfen, die Menschen bestmöglich zu unterstützen. Ich spüre eine starke Anbindung zu meiner Intuition und zu allem, was ist. Doch für mich ist das normal und nichts Besonderes. Ich habe immer eher die Nachteile dieser Gaben gesehen. Alles hat zwei Seiten. Doch nie hätte ich gedacht, dass das etwas ist, was ich der Welt wirklich zu geben habe, dass es der Grund sein könnte, warum ich hier bin. Das durfte ich erst lernen. Und der erste Schritt war, zu erkennen, dass die vermeintlich normalen, leichten Dinge, die ich tagtäglich tue, genau die Dinge sind, die ich zu geben habe. Ich erzähle dir das so ausführlich, damit du erkennst, dass es auch bei dir diese leichten, natürlichen Dinge sind, die du jeden Tag in die Welt trägst, die letztlich genau die Geschenke sind, die du für diese Welt mitgebracht hast.

Wenn du für dich herausfindest, was dir leichtfällt, dann kannst du dich im nächsten Schritt fragen, ob genau diese Dinge für alle anderen Menschen auch so banal, einfach und selbstverständlich sind. Und wahrscheinlich werden dir dann Menschen einfallen, für die diese Dinge anstrengend und schwer sind. Und Schwups hast du eine Erkenntnis mehr, die dir zeigt, dass du die Geschenke, die du zu geben hast, schon immer auf ganz natürliche Weise mit anderen geteilt hast. Ohne dass sie dir bewusst waren. Ohne dass du ihnen besonderen Wert gegeben hast. Ohne dass du überhaupt nur ahntest, wie dienlich du schon immer für andere warst und bist.

Und wenn du nun zum Thema »Selbstwert« zurückgehst, dann erkennst du auch, dass es absolut nichts mit Leistung zu tun hat. Du musst es dir nicht erarbeiten, dir selbst etwas wert sein zu dürfen. Es gibt nichts, was deinen Wert schmälert. Denn das, was du zu geben hast und was für andere bereichernd ist, tust du sowieso schon immer – ob bewusst oder unbewusst. Du darfst dir dieser Dinge, deiner Talente und Gaben, bewusst werden und sie dann an der einen oder

anderen Stelle bewusst und gezielt einsetzen. So, wie ich nun z. B. ganz bewusst Bücher schreibe, um andere Menschen zu ermutigen.

Wenn dir dann klar wird, dass das, was du zu geben hast und was dir leichtfällt, sowieso deinem Naturell entspricht und dass du diese Dinge öfter tun kannst, dann darfst du dir auch noch einmal bewusst machen, dass genau diese Dinge deiner Seelenessenz entsprechen. Wenn du sie mehr lebst, mehr gibst, mehr zum Einsatz bringst, dann lebst du dein Leben ganz automatisch immer mehr von innen nach außen. Dann bist du ganz du selbst. Und das ist genau das, was du dir wünschst: immer mehr DU zu sein, immer mehr aus deiner Seelenessenz heraus zu schöpfen.

Vielleicht ist es deine Gabe, anderen, die mit dir in Berührung kommen, ein Gefühl von Ermutigung, Trost, Wärme und Verständnis zu schenken. Das ist so unglaublich wertvoll für diese Welt. Und während ich diese Zeilen schreibe, denke ich an meine zehnjährige Tochter, die mir vor Kurzem sagte, dass sie sich durch mich immer so verstanden fühlte wie von keinem anderen. Hey, das ist etwas, was im anderen wirkt und etwas verändert, auch wenn es für mich ganz unspektakulär ist. Und so hast auch du ganz viele Eigenschaften, Sichtweisen und Werte, die für die Menschen, die mit dir in Kontakt kommen, einen Unterschied machen. Ganz bestimmt.

Erkenne und schätze die Dinge, die dir seit jeher leichtfallen und die du auf völlig natürliche Weise schon immer tust. Das sind deine Gaben und Geschenke. Das sind die Dinge, die dich ausmachen und die Welt besser machen. Erinnere dich immer wieder daran, dass es oft die kleinen, fast unscheinbaren Dinge sind, die jeden Tag durch DICH in die Welt fließen.

Wann traue ich es den anderen zu, aber nicht mir selbst?

Vermutlich kennst du diese Situation: Eine neue Herausforderung klopft an deine Tür, vielleicht ist es DIE Chance, deinen Traum zu leben, doch du traust es dir nicht zu, sie zu ergreifen. Stattdessen fallen dir ein paar andere Menschen ein, die sie bestimmt nutzen können. Aber nicht du selbst. Obwohl du weißt, dass es wirklich eine tolle Möglichkeit für dich wäre, über dich hinauszuwachsen und einen neuen Weg zu beschreiten, der dich deinen Herzenswünschen näherbringen würde, zögerst du dennoch und entscheidest dich letztlich dagegen, diese Herausforderung anzunehmen.

Ich denke, wir alle kennen das, und es ist okay, denn das gehört zum Menschsein einfach dazu. Manchmal trauen wir uns nicht und haben

das Gefühl, dass das Bevorstehende eine Nummer zu groß für uns ist. Damit dürfen wir zunächst einmal in Frieden kommen, denn Groll und Wut bringen uns nicht weiter, sondern legen uns lediglich ein schlechtes Gewissen auf, das unsere Kraft schmälert. Stattdessen können wir uns aber wieder fragen, was es mit unserem weiteren Leben machen würde, wenn wir immer nur den anderen etwas zutrauen, aber nicht uns selbst. Du kennst diese Fragen schon, doch sie sind so kraftvoll und werden dir den Mut schenken, den du brauchst:

Was wäre die Konsequenz daraus, wenn ich weiterhin die Überzeugung nähren würde, dass andere alles besser können als ich?

Wie sehr würde sich das auf meine Lebensfreude auswirken, wenn ich immer wieder kneifen würde?

Wie viele Möglichkeiten hätte ich, über mich hinauszuwachsen, wenn ich mir weiterhin viel zu wenig zutrauen würde? Und wie viele wären es, wenn ich es einfach einmal probieren würde?

Oder andersherum:

Welche Konsequenz hätte es für mein Leben, wenn ich mir öfter einmal etwas zutrauen würde?

Was könnte ich dadurch gewinnen?

Welche Möglichkeiten würden sich mir eröffnen?

Wie würde es sich auf meine Lebensfreude auswirken, wenn ich Herausforderungen annehmen und über mich hinauswachsen würde?

Und wie würde es sich auf meine innere Stärke auswirken, wenn ich mir selbst auch einmal etwas zutrauen würde?

Wir unterliegen viel zu schnell und viel zu oft der Annahme, dass die bevorstehende Herausforderung etwas für die anderen ist, aber nichts für uns. Mit der Zeit schmälert es unser Selbstwertgefühl, wenn wir es uns nicht zutrauen, neue Situationen zu meistern und auch einmal Niederlagen verkraften zu können. Oft denken wir ja, dass wir eine Niederlage oder eine Blamage nicht aushalten könnten, vielleicht sogar daran zugrunde gehen würden. Doch wir unterschätzen unsere Stärke. In Wahrheit geht unser Leben zugrunde, wenn wir nie mutig sind, wenn wir nie etwas wagen, wenn wir nie ein Risiko eingehen, weil wir dann nie wirklich leben. Wir würden kein Gefühl der Lebendigkeit haben, weil wir jeder Konfrontation mit dem Leben aus dem Weg gehen, was wiederum nicht nur negative Gefühle in uns auslöst, sondern auch unsere Lebensfreude schmälert.

Wollen wir negative Gefühle wie Enttäuschung und Scham, das Gefühl, abgelehnt, ausgegrenzt oder einsam zu sein, im Vorfeld verhindern, dann mag es uns vielleicht sogar gelingen, immer weniger Situationen anzuziehen, die diese negativen Gefühle hervorbringen könnten. Jedoch nehmen wir uns gleichzeitig auch die Möglichkeit, positive Gefühle wie Freude, Begeisterung, Stolz, Leidenschaft oder einfach pures Glücklichsein zu erleben. Es braucht beide Seiten im Leben, um alle Facetten ausleben und spüren zu können. Wenn immer die Sonne scheinen würde, dann könnten wir sie nicht mehr voll und ganz genießen. Dafür braucht es die Dunkelheit. Wenn wir sie jedoch verhindern, indem wir immer ein paar künstliche Lichter anmachen, dann verliert die Helligkeit der Sonne an Wert. Und genauso ist es mit unseren Gefühlen. Wenn wir die unangenehmen Gefühle verhindern wollen, verlieren die guten Gefühle an Intensität. Alles würde ohne Höhen und Tiefen vor sich hinplätschern. Das wäre dann ein wahrlich langweiliges Leben, von dem wir sicher nicht begeistert wären.

ÜBUNG

Ich lade dich ein, dich in deinem Alltag zu beobachten und dich zu fragen:

Wann traue ich mich nicht an Neues heran?

Wann lasse ich anderen den Vortritt?

Wann mache ich andere vielleicht sogar auf eine Chance aufmerksam, damit sie diese Möglichkeit beim Schopfe packen können?

Wann ziehe ich mich zurück, weil ich es mir nicht zutraue, eine neue Herausforderung zu meistern?

Und wenn du diese Situationen erkannt und erforscht hast, dann triff die Entscheidung, dir ganz spielerisch immer mehr zuzutrauen. Sieh es als Experiment, das dich ein wenig aus deiner sicheren Komfortzone herauslockt. Sei neugierig auf die Erkenntnisse, die du gewinnen wirst, wenn du kleine und vielleicht auch größere Herausforderungen annimmst. Das Leben kann ein wunderbares Spiel sein, wenn du es zu einem machst. Lasse all den Ernst und die Anspannung los. Wirf dich hinein ins Abenteuer Leben. Je mehr du dir zutraust, desto öfter wirst du dich an Dinge heranwagen, die dir wirklich wichtig sind, weil sie deiner Seelenessenz entsprechen. Und dann wirst du feststellen, dass sich plötzlich noch mehr Chancen und Wege auftun, die es dir ermöglichen, deinem Herzen zu folgen. All das bedingt sich gegenseitig. Je mehr du dir zutraust, desto mehr wächst dein Selbstvertrauen, und desto mehr Türen öffnen sich plötzlich vor dir, die zuvor verschlossen oder sogar noch völlig verborgen waren.

Je größer dein Selbstvertrauen ist, desto öfter wirst du auch für dich und deine Werte, Seelenwünsche, Bedürfnisse und Sehnsüchte einstehen können. Und desto besser gelingt es dir, dein Leben von innen nach außen zu gestalten und immer mehr DU zu sein.

IMMER
MEHR
ICH

Mein Selbstausdruck

Wenn mich früher jemand gefragt hat, was ich glaube, was der Sinn des Lebens ist, habe ich geantwortet: »Na leben! Das Leben möchte gelebt werden. Mit allen Herausforderungen. Mit allen Gefühlen und mit allen Höhen und Tiefen. Mit allem, was zum Leben dazugehört.« Heute ergänze ich diese Aussage ein wenig. Der Sinn des Lebens bedeutet für mich Selbstausdruck. Ich glaube, dass es das ureigenste Bedürfnis eines Menschen ist, sich selbst zum Ausdruck zu bringen. Das, was in uns steckt, möchte gelebt werden. Unsere Talente, Fähigkeiten und Gaben möchten genutzt werden. Die Melodie unserer Seele möchte gespielt werden. Der einzigartige Klang unserer Seele möchte in die Welt schwingen und dort andere Herzen berühren.

Alles, was uns begeistert, bewegt, berührt oder uns ein freudvolles Kribbeln im Bauch schenkt, ist ein Teil dessen, was durch uns zum Ausdruck gebracht werden möchte. Egal, auf welche Weise, denn das ist absolut individuell und für jeden Menschen einzigartig. Alles, was zu dir gehört und durch dich in die Welt fließt, ist genau so gewollt. Hier gibt es kein schneller, höher, weiter. Und wie wir bereits wissen, kann es eine für jeden offensichtliche Gabe sein oder eben eine ganz besondere, aber dennoch unscheinbare Eigenschaft, deren Energie völlig automatisch und natürlich durch uns in die Welt fließt und sie zu einem besseren Ort macht.

Eigentlich ist es egal, was wir tun. Es zählt, WIE wir es tun. Denn wenn in unseren Handlungen eine tiefe Freude und Begeisterung mitschwingt, so breitet sich diese wundervolle Energie immer weiter aus – weit über unser eigenes Feld hinaus, hinein in die Herzen anderer.

Ich liebe es, zu sehen, wenn Menschen lieben, was sie tun. Ich liebe es, wenn ich spüre, dass sie es mit größter Freude machen und dass es sie selbst erfüllt. Ob es der Schuhverkäufer ist, dessen Passion es ist, wirklich gute Schuhe unters Volk zu bringen, die Yoga-Lehrerin, die anderen mit viel Freude zu innerer Balance verhilft, die Bäckereifachverkäuferin, die mit Leidenschaft ein Frühstück zubereitet, die Büroangestellte, die mit ihrer lustigen Art für ein gutes Betriebsklima sorgt, oder der Taxifahrer, der mit seinem fröhlichen Gesang jegliche trüben Gedanken vertreibt. Alles, was wir mit Freude und Begeisterung tun, wirkt im Leben anderer Menschen positiv. Und genau die Dinge, die uns richtig viel Freude machen, gehören zu uns. Sie gehören zu den Fähigkeiten, Gaben, Eigenschaften und Talenten, die seit unserer Geburt in uns angelegt sind. Und wenn wir diese leben, ist das der wunderschönste Selbstausdruck, den wir uns selbst wünschen können.

Nicht umsonst fühlen sich viele Menschen »ausgetrocknet« und leer. Nicht umsonst haben viele Menschen das Gefühl, das Leben nicht so richtig zu leben. Nicht umsonst fühlen sie sich innerlich tot und fallen in eine Depression. Ihnen fehlt der Selbstausdruck, der das Leben lebendig und freudvoll macht. Wir alle sind Schöpfer. Wir alle wollen etwas kreieren – egal, in welcher Form –, wir wollen wirken. Es ist unser tiefster Wunsch, uns selbst zu leben, uns selbst zum Ausdruck zu bringen und dabei die Herzen anderer Menschen zu berühren.

Immer wieder spreche ich in meiner Arbeit mit Frauen, die das Gefühl haben, dass ihr inneres Feuer erloschen ist, dass alles nur noch so vor sich hinplätschert. Sie fühlen sich zunehmend energielos, kraftlos und traurig. In dem Moment, in dem ihnen bewusst wird, dass sie in ein Leben hineingerutscht sind, das mit Selbstausdruck gar nichts mehr zu tun hat, und sie stattdessen eigentlich nur noch funktionieren und versuchen, dem Alltag und all den Anforderungen gerecht zu werden, erkennen sie, dass jetzt der Zeitpunkt gekommen ist, sich wieder mit ihrer eigenen Seelenessenz zu verbinden.

Selbstausdruck ist ein ganz wichtiger Teil
eines erfüllten Lebens.

Ich drücke mich z. B. über das Schreiben und über meine Arbeit aus. Hier kann ich all das leben, was mich ausmacht. Ich liebe es, Bücher zu schreiben, und ich liebe es, Menschen dabei zu unterstützen, ihr Leben von innen nach außen zu kreieren. Das erfüllt mich sehr. Und mittlerweile kann ich auch meine tiefe Liebe für Pferde beruflich ausdrücken. Auch das ist ein Aspekt, den ich mir erlaubt habe, zu leben. Pferde, Coaching, Schreiben, Heilen – das alles ist in meiner Arbeit miteinander vereint. Das bin ich. So drücke ich mich mit all dem, was in mir liegt, in dieser Welt aus. Und es ist für mich sehr erfüllend und gleichzeitig ein großer Mehrwert für andere Menschen, die zu mir finden. Wenn ich überlege, wie sehr sie davon profitieren können, dass ich mich selbst zum Ausdruck bringe, so wäre es doch wirklich sehr bedauerlich, wenn ich alten Glaubenssätzen und Mustern, die mich früher oft zurückgehalten haben, weiterhin Glauben schenken würde. Es war und ist regelrecht meine Pflicht, mich von alten inneren Programmen zu lösen, denn dann fühle ich mich erfüllt und glücklich und kann für andere Vollgas geben. Es wäre doch so schade, wenn ich am Ende meines Lebens nicht begeistert von meinem Leben wäre, weil mir vielleicht oft der Mut gefehlt oder ich alte Geschichten geglaubt hatte, die ich mir selbst immer zu erzählen gepflegt hatte. Es wäre ein Jammer, wenn ich dann feststellen müsste, dass ich mir nie selbst die Erlaubnis gegeben hatte, mich zum Ausdruck zu bringen. Natürlich bin ich noch längst nicht erleuchtet oder an einem Punkt, an dem ich mich innerlich absolut frei fühle. Auch meine Entwicklung geht immer weiter, und es gibt viel zu lernen. Doch begonnen hat dieser Weg mit der Erlaubnis an mich selbst, dass ich losgehen darf. Ich bin auf dem Weg.

Ich erzähle dir das, um dir zu verdeutlichen, wie dienlich, wichtig und GEWOLLT es ist, dass auch du dir erlaubst, dich selbst zum Ausdruck zu bringen. Auch das, was du in die Welt tragen möchtest, ist wertvoll und macht für andere Menschen einen positiven Unterschied. Wir alle dürfen uns bei den Händen nehmen und uns gegenseitig ermutigen, unser Leben von innen nach außen zu gestalten. Wir dürfen uns bewusst machen, dass die Welt erst dann richtig schön wird, wenn wir alle uns unsere Einzigartigkeit zugestehen, sie wertschätzen und anerkennen.

Kennst du die Aussage: »Alle sagen, SEI DU SELBST. Und dann wird doch gemeckert, wenn jemand anders ist.«? Da ist etwas Wahres dran. Denn wenn jemand wirklich aus der Masse hervorsticht und sein eigenes Ding macht, wird schnell gelästert, und Neid kommt auf: »Ach guck mal der. Was meint er, wer er ist?« Wir können so manches Mal noch nicht damit umgehen, wenn sich jemand selbst zum Ausdruck bringt. Vielleicht deshalb, weil es eben so viele noch nicht tun? Okay, es werden immer mehr. Doch es dürfen noch mehr werden! Wir dürfen uns selbst erlauben, uns zum Ausdruck zu bringen, und wir dürfen es auch anderen Menschen erlauben. Wir dürfen ermutigen, anfeuern, unterstützen und anerkennen. Immer wieder. Erst dann merken wir, wie schön das Leben sein kann, wenn wir, jeder für sich, unser Leben von innen nach außen gestalten, und erst dann kommen wir unserem Ziel, ganz wir selbst zu sein, wieder ein Stück näher.

Meine tiefsten Herzenswünsche

Unsere Herzenswünsche hängen ganz eng mit dem Selbstausdruck zusammen. Ich erlebe es so oft, dass Frauen nur noch funktionieren. Ganz besonders dann, wenn sie Kinder haben. Bei Männern ist es sicherlich ähnlich. Es wird versucht, den Alltag zu bewältigen, so gut es geht. Die Erwartungen und Bedürfnisse anderer werden erfüllt, nur nicht die eigenen. Für sämtliche Anliegen anderer wird sich Zeit genommen, nur nicht für die eigenen.

Dieser Zustand ist so ungesund, weil er uns von uns selbst abschneidet. Wir können irgendwann gar nicht mehr fühlen, wer wir eigentlich sind, geschweige denn uns die Frage stellen, ob wir uns unser Leben so vorgestellt haben. Wir nehmen es so hin und ziehen es gar nicht in Erwägung, dass wir etwas ändern könnten. Wir sind so sehr in diesem Hamsterrad gefangen, dass wir unsere Energie bei dem Versuch aufbrauchen, alles irgendwie zu schaffen. Das ist echt anstrengend und macht so müde und unglücklich. Und selbst wenn wir uns dann einmal die Frage stellen, was eigentlich unsere Herzenswünsche sind, so können wir sie oft gar nicht richtig greifen oder begreifen. Wir können sie nicht fühlen, denn wir haben den Kontakt zu uns selbst regelrecht verloren. Wenn es dir auch so geht, dann lade ich dich ein, wieder zu träumen.

ÜBUNG

Nimm dir vor, dich eine Weile lang, vielleicht für die nächsten 2–3 Wochen, mit deinen Herzenswünschen zu verbinden.

Die eigenen Herzenswünsche zu entdecken, ist ein Prozess und nichts, was man innerhalb einer halben Stunde erledigt. Es bedeutet, wieder einen Zugang zur Seele zu finden. Das kann auf unterschiedliche Weise geschehen, z. B. bei Waldspaziergängen, in einem Kurzurlaub, auf der Gartenliege, in der Meditation, beim Lesen, beim Fahrradfahren … Immer wenn wir uns eine Möglichkeit erschaffen, innerlich leise zu werden, zur Ruhe zu kommen und einfach einmal nur da zu sein, werden wir den Kontakt zu uns selbst finden können. Und dann sehen wir auch im Außen Zeichen und neue Wege.

Es ist so wichtig, dass du dir die Zeit nimmst, dich mit deinen Herzenswünschen zu verbinden, und sie einmal wieder in dir aufsteigen lässt. Du wirst sie nach und nach immer besser spüren, und vielleicht erinnerst du dich auch an die Träume und Sehnsüchte, die du als Kind hattest. Nimm dir Zeit, und begib dich ganz entspannt und zuversichtlich auf Spurensuche. Es gibt Spuren, die dich leiten und dich liebevoll daran erinnern, wie du dir dein Leben ursprünglich vorgestellt und gewünscht hast.

Verbinde dich mit deinen Herzenswünschen. Finde heraus, was dein Herz berührt und was durch dich zum Ausdruck gebracht werden möchte. Erlaube es dir, ganz frei von limitierenden Gedanken zu träumen. Es ist egal, ob du es für möglich hältst, dass deine tiefsten Herzenswünsche jemals von dir so gelebt werden können, denn wenn du es im Moment noch nicht für möglich hältst, liegt das meist nur an Grenzen in deinem Kopf, die dich klein- und zurückhalten. Mache dir bewusst, dass deine Seele viel freier, viel größer denkt und fühlt als dein Verstand. Erlaube dir, deine Herzenswünsche zu erkennen.

Was ist mein großer Lebenstraum?

Gib deinen großen Traum nicht auf. Gib dich nicht mit weniger zufrieden.

Weißt du, ich habe immer davon geträumt, einmal eine eigene kleine Reitanlage zu haben, in der ich mit meiner Familie und meinen Pferden leben und arbeiten kann. Irgendwann habe ich es nicht mehr für möglich gehalten, diesen Traum zu leben. Ich glaubte ja nicht einmal, dass ein eigenes Pferd für mich erreichbar sei. Ich erwischte mich dabei, meine Träume aufzugeben, weil mein Leben zu dieser

Zeit anstrengend war und nicht viel Platz für Träume ließ. Ich dachte: »Das ist was für andere, aber nicht für mich.« Und es tat mir in der Seele weh, diesen Traum loszulassen, ohne dass ich es bewusst merkte. Ich weiß nicht mehr, was es war, aber irgendetwas weckte mich auf. Ich erkannte plötzlich, dass ich gerade dabei war, meine Lebensvision loszulassen, sie aufzugeben, sie einfach sterben zu lassen. Und gleichzeitig dachte ich: »Warum eigentlich nicht? Warum eigentlich nicht ich? Warum sollte das nicht für mich möglich sein?« Und so nahm ich meinen großen Traum wieder in jede meiner Zellen auf und integrierte ihn in mein Unterbewusstsein. Heute vertraue ich absolut darauf, dass ich diese Lebensvision verwirklichen werde. Denn sie gehört zu mir, und ich werde sie nicht wie ein ungeöffnetes Geschenk zurückgeben.

Genau das möchte ich auch dir mitgeben. Wir hören immer wieder die Worte: »Lass los!« Doch ich sage:

»Halte fest! Halte an deinem Lebenstraum fest,
denn er gehört zu dir und deiner Seele!«

Verbinde dich mit deinem Lebenstraum. Verbinde dich mit deiner Vision. Wenn du deinen Traum nicht kennst, wenn deine Vision für dich nicht greifbar ist, so setze dir das Ziel, den Kontakt zu deiner Seele wiederherzustellen. Dir werden Menschen, Dinge, Situationen und auch Erinnerungen begegnen, die dir deine Augen liebevoll immer weiter öffnen.

Die Intention hinter meinen Entscheidungen

Es ist noch nicht lang her, dass ich über Facebook eine Nachricht erhalten habe, in der mir eine Frau schrieb, dass ich mich äußerlich verändert hätte und dass ich nun noch besser aussehen würde. Man würde merken, dass ich die für mich richtigen Entscheidungen treffen würde. Diese Nachricht hat mich berührt und zum Nachdenken angeregt. Ja, es ist so wichtig, die richtigen Entscheidungen zu treffen. Doch woher wissen wir, was richtig ist? Und was unterscheidet die richtigen von den falschen Entscheidungen?

Dieses Thema ist sehr facettenreich. Bestimmt hast du schon einmal gehört, dass es gar keine falschen Entscheidungen gibt, weil jede Entscheidung zu einer Erfahrung führt, die uns in irgendeiner Form dienlich ist. Jede Entscheidung bringt etwas mit sich, das es zu lernen gibt. Von daher können wir eigentlich getrost Entscheidungen treffen – auch auf die Gefahr hin, dass sie sich hinterher als vermeintlich falsch herausstellen. Denn wir können sagen, dass JEDE Entscheidung richtig ist, weil wir sie sonst gar nicht so getroffen hätten, weil es hinter allem, was geschieht, einen Sinn gibt.

In unserem Leben reiht sich eine Entscheidung an die nächste. Und alle haben eine Wirkung. Natürlich können wir sagen, dass es keine falschen Entscheidungen geben kann, da uns all das, was uns im Leben widerfährt, zu dem Menschen werden lässt, der wir heute sind. Und unsere zukünftigen Entscheidungen werden uns zu dem Menschen machen, der wir einmal sein werden. Und genau hier liegt der Knackpunkt.

Bin ich heute der Mensch, der ich immer sein wollte?

Werde ich mit den Entscheidungen, die ich treffe, zu dem Menschen, der ich sein will?

Führen die Entscheidungen, die ich bisher getroffen habe, dazu, dass ich am Ende meines Lebens von meinem eigenen Leben begeistert sein werde?

Entscheidungen haben so viel Kraft. Sie formen unser Leben. Und natürlich können wir uns immer wieder mit dem Gedanken trösten, dass es keine falschen Entscheidungen gibt, und so weitermachen wie bisher. Dennoch lohnt es sich, wenn wir uns diesem Thema einmal ganz bewusst zuwenden.

Es ist nicht schlimm, wenn wir gelegentlich feststellen müssen, dass wir uns doch lieber anders entschieden hätten. Selbstverständlich dürfen wir Fehler machen. Wir befinden uns in einer Wachstumsphase. Wir entwickeln uns. Und dabei machen wir Fehler und treffen auch einmal die vermeintlich falschen Entscheidungen. Selbst diese sind gut, denn es wäre viel schlimmer, keine Entscheidung zu treffen.

Ich habe dieses Thema einmal ganz genau durchleuchtet und bin zu dem Ergebnis gekommen, dass es eine Sache gibt, die eine Entscheidung in die richtige oder eben in die falsche Richtung lenkt. Es ist die Intention, die hinter einer Entscheidung steckt. Ich möchte diese Frage einmal an dich weitergeben: Welche Intention steckt hinter deinen Entscheidungen? Frage dich das beim nächsten Mal, wenn eine Entscheidung fällig ist.

Ich habe festgestellt, dass ich zu oft Entscheidungen getroffen habe, die mir, meinem Selbstwert und meiner Selbstliebe geschadet haben. Und zwar immer dann, wenn ich mich von der Angst leiten ließ.

- »Was denken die anderen?«
- »Was ist, wenn das keiner will?«
- »Kann ich damit überhaupt Geld verdienen?«
- »Steht mir das überhaupt zu?«
- »Trete ich damit nicht jemand anderem auf die Füße?«
- »Müsste ich hier nicht mehr Rücksicht nehmen?«
- »Was ist, wenn ich mich damit unbeliebt mache?«
- »Kann ich das überhaupt?«
- »Was ist, wenn ich scheitere?«
- usw.

Kennst du diese Gedanken? Bestimmt. Denn wir alle haben sie. Die Frage ist, ob wir uns von ihnen leiten und kleinhalten lassen wollen. Das können wir entscheiden. Ganz bewusst.

Mache dir klar, wonach du deine Entscheidungen ab sofort ausrichten möchtest. Möchtest du Entscheidungen treffen, bei denen du dir einigermaßen sicher sein kannst, dass andere Menschen sie okay finden? Entscheidest du dich oft im Vorfeld so, dass sich niemand an dir oder an deinem Vorhaben stoßen kann? Triffst du Entscheidungen, die deine Selbstzweifel nähren und dich immer wieder zurückhalten?

ÜBUNG

Welche Intentionen stehen hinter deinen Entscheidungen?

Beleuchte die wahren Gründe für deine Entscheidungen, und hinterfrage sie. Schaue jetzt gern einfach einmal zurück. Wann hast du Entscheidungen getroffen, die auf Angst basierten? Sei es, dass du vor einer Herausforderung gekniffen hast oder anderen Menschen einmal wieder mehr zugetraut und ihnen den Vortritt gelassen hast. Sei es, dass du nichts gesagt hast, obwohl es an der Zeit gewesen wäre, dein Schweigen zu brechen, oder dass du dich für den Weg des geringsten Widerstands entschieden hast. Vermutlich werden dir zurückblickend einige Situationen einfallen, in denen du Entscheidungen getroffen hast, hinter denen die Intention stand, möglichst wenig anzuecken, möglichst wenig aufzufallen und möglichst wenig aus deiner Komfortzone heraustreten zu müssen.

Wenn dem so ist, hadere nicht damit. Was passiert ist, ist passiert. Und für irgendetwas wird es gut gewesen sein. In dem Moment war es so richtig und gut.

Dennoch kannst du dich fragen, was all diese Entscheidungen mit deinem Leben gemacht haben.

Haben sie mein Leben interessanter, lebendiger, kraftvoller und erfüllender gemacht?

Bin ich daran gewachsen?

Habe ich an Stärke gewonnen?

Haben sie meinen Selbstwert gestärkt?

Vermutlich eher nicht. Vielleicht war sogar genau das Gegenteil der Fall. Entscheidungen, die auf Angst basieren, schmälern in der Regel das Selbstwertgefühl und sorgen dafür, dass wir ein Leben führen, das den Menschen um uns herum gefällt, aber nicht uns selbst. Das ist nicht, was wir wollen! Wenn wir uns das bewusst machen, dann spitzen wir die Ohren und werden aufmerksamer für die Entscheidungen, die im weiteren Verlauf unseres Lebens noch anstehen.

Wenn wir wissen, dass die Intention hinter unseren Entscheidungen unser Leben maßgeblich beeinflusst, dann können wir aus diesem Wissen die Kraft schöpfen, es einfach einmal anders zu tun. Dann wagen wir es vielleicht einmal, eine Entscheidung zu treffen, obwohl wir im Vorfeld wissen, dass sie anderen nicht gefällt. Dann tun wir vielleicht einmal ganz bewusst etwas, was uns aus unserer Komfortzone hinausführt, weil wir wissen, dass wir an dieser neuen Aufgabe wachsen werden. Dann treffen wir vielleicht einmal eine Entscheidung, die entgegen aller lauten Stimmen im Außen dieser einen leisen Stimme folgt, nämlich der unseres Herzens.

Es ist mir ein Anliegen, dir bewusst zu machen, wie wichtig deine Intention ist. Denn wenn du immer wieder Entscheidungen triffst, die auf Angst, Zweifel und negativem Denken basieren, dann schöpfst du dein Leben nicht von innen nach außen, sondern tust genau das Gegenteil. Du lässt dich von außen lenken und wirst wahrscheinlich überall ankommen, nur nicht bei DIR.

Sei dir deshalb bewusst, dass die Intention, die hinter deinen Entscheidungen steht, einen großen Einfluss darauf hat, wie sehr du es dir ermöglichst, dein Leben von innen nach außen zu gestalten. Und wenn dir einmal der Mut fehlt, eine Entscheidung zu treffen, die dich herausfordert, und du dich am liebsten wieder zurückziehen würdest, dann frage dich auch hier wieder:

Was ist die Konsequenz, wenn ich dieses alte Entscheidungsmuster weiter fortführe?

Was macht es mit meinem Leben, wenn ich wieder und wieder Entscheidungen treffe, die mich kleinhalten?

Aus den daraus gewonnenen Antworten wirst du die Kraft schöpfen können, dieses Mal anders zu handeln, anders zu entscheiden, anders zu wählen. Für dich. Für DEIN Leben, von dem du begeistert sein möchtest.

Loslösung von den Erwartungen anderer

Hier und da wurde der Aspekt der Erwartungen anderer schon angesprochen, doch ich möchte ihm ein eigenes Kapitel widmen.

Kannst du dir vorstellen, dass deine Entscheidungen ganz oft lediglich auf Interpretationen beruhen? Kannst du dir vorstellen, dass du oft GLAUBST, zu wissen, was andere erwarten? Und kannst du dir vorstellen, dass das, was du glaubst, und das, was wahrhaftig IST, zwei völlig verschiedene Paar Schuhe sind?

Der Grund dafür ist, dass wir oft zu wenig miteinander reden. Mir fällt immer wieder auf, dass Menschen traurig, verletzt, enttäuscht oder verärgert sind, weil sie etwas GLAUBEN.

- Sie glauben, die Freundin hätte sich so seltsam verhalten, weil …
- Sie glauben, der Partner hätte diesen einen Satz gesagt, weil …
- Sie glauben, sie seien nicht erwünscht, weil …
- Sie glauben, dass andere Menschen das erwarten würden, weil …

Fakt ist: All diese Annahmen existieren nur aufgrund der eigenen »Brille«, durch die wir schauen. Und unsere jeweilige »Brille« hat nichts mit der Wahrheit zu tun. In den allermeisten Fällen glauben wir, zu wissen, was im anderen vorgeht, dabei ist das vermeintliche Wissen lediglich eine Interpretation. Selbst wenn der andere uns etwas direkt gesagt hat, wissen wir immer noch nicht, was WIRKLICH dahintersteckt. Oder hast du z. B. noch nie eine Ausrede verwendet, die der andere glaubte, während die Wahrheit eine ganz andere war? Genau! Deswegen ist sogar das gesprochene Wort manchmal nicht verlässlich, wenn es um die Wahrheitsfindung geht. Das nur einmal nebenbei, um dich dafür zu öffnen, dass die Wahrheit tatsächlich ganz anders sein kann, als wir denken.

Doch kommen wir einmal wieder auf den Punkt zurück, dass wir zu wenig miteinander reden. Viele Menschen können nicht kommunizieren. Oder zumindest nicht so, dass ihre Worte genau so bei ihrem Gegenüber ankommen, wie sie gemeint sind – einmal davon abgesehen, dass es natürlich eine Rolle spielt, was der Sender sendet und WIE der Empfänger es empfängt. Es ist nun einmal an der Tagesordnung, dass es Missverständnisse gibt, wir aneinander vorbeireden und sich hinterher keiner verstanden fühlt. Und wenn man sich dann noch bewusst macht, dass viele Menschen gar nicht oder nur sehr schwer über Gefühle sprechen können – geschweige denn, dass sie überhaupt WISSEN, was sie fühlen, da sie sich nie bewusst damit auseinandersetzen (wollen) –, so ist es doch gar nicht mehr so weit hergeholt, wenn ich sage, dass wir meistens nur interpretieren.

Auf der Grundlage dieser Interpretationen kreieren wir unsere Welt. Da liegt es auf der Hand, dass wir unsere eigene Welt auf falschen Annahmen und Missverständnissen aufbauen. Sich das einmal bewusst zu machen, kann schon ganz schön viel verändern, oder?

Ja, was wäre denn, wenn dein Vater gar nicht das über dich denken würde, was du immer glaubst? Was wäre, wenn die Gedanken deines Chefs so ganz anders wären, als du denkst? Was wäre, wenn du nur GLAUBEN würdest, zu wissen, was andere von dir erwarten?

Stelle dir einmal vor, du könntest all die Annahmen, all die Interpretationen und all das, was du glaubst, über die Gedanken und Gefühle anderer zu wissen, infrage stellen. Und ich sage dir, dass du genau das kannst! Denn ich bin überzeugt davon, dass du nur einen sehr kleinen Teil wirklich weißt, und ob der dann auch der Wahrheit entspricht, ist eine ganz andere Frage. Diese Vorstellung dehnt den Geist ordentlich aus, oder?

Für mich ist dieses Erkennen eine Erlösung und eine Befreiung. Die Erkenntnis, dass ich mich meist nur aufgrund von Interpretationen schlecht fühle, zaubert mir ein Lächeln auf die Lippen, weil ich erkenne, wie sehr ich meinen eigenen Gedanken in die Falle tappe, und das ist irgendwie auch komisch und lustig.

Ganz ehrlich, ich habe schon so oft geglaubt, zu wissen, was in anderen vorgeht. Ich habe Dinge auf mich bezogen. Ich habe interpretiert. Ich habe eins und eins zusammengezählt – zumindest glaubte ich das. Ich habe mir auf der Grundlage meiner »Brille«, meiner Prägung, meiner bereits gesammelten Erfahrungen meine Sicht auf die Welt »zusammengezimmert«, und das ist ja auch legitim. Doch was davon ist wirklich WAHR? Was davon hat wirklich Bestand? Für mich persönlich mag es wie die Wahrheit aussehen. Doch wenn es neben meiner »Brille« noch Milliarden anderer »Brillen« gibt und jede ein anderes Bild zeigt, so frage ich dich: Welche »Brille« ist die »Brille« der höchsten Wahrheit?

Beantworte mit diesem Wissen im Hinterkopf die folgenden Fragen:

Was glaube ich, was andere Menschen von mir erwarten?

Was glaube ich, was andere Menschen über mich denken?

Was glaube ich, was andere Menschen von mir halten?

Und beruhen diese Annahmen auf Interpretationen und auf meiner »Brille«, durch die ich die Welt sehe?

Wahrscheinlich stellst du fest, dass auch du vielen deiner Interpretationen Glauben schenkst. Und wenn du dann noch einen Schritt weitergehst und du dir klarmachst, dass du deine Entscheidungen auf ihrer Grundlage fällst, so überprüfe einmal für dich, ob dieses Leben dann für dich den Wert hat, den du dir wünschst. Und glaube mir, ich weiß, wovon ich spreche. Denn diese Erkenntnisse können wirklich heftig sein und dein ganzes Weltbild auf den Kopf stellen. Das mag vielleicht in dir ein Gefühl von Bodenlosigkeit hervorrufen, weil du gar nicht mehr weißt, was du glauben sollst und kannst. Doch gleichzeitig ist es auch eine riesengroße Einladung, dich von alten Glaubenssätzen und Blockaden zu befreien.

Du wirst nie wirklich wissen, was andere von dir erwarten oder ob sie überhaupt etwas von dir erwarten. Umgekehrt denkst du vielleicht manchmal, dass eine bestimmte Person gar nichts erwartet, und in Wahrheit erwartet sie sogar sehr viel. Im Grunde ist es gar nicht deine Aufgabe, dies herauszufinden, denn warum solltest du den Erwartungen anderer gerecht werden müssen? Wären das nicht wieder Dinge, die du tust oder lässt, und Entscheidungen, die du triffst oder nicht triffst, hinter denen die Intention steht, dich anzupassen oder anderen zu gefallen?

Vielleicht herrscht in deinem Kopf gerade Chaos. Vielleicht hat dieses Kapitel einen inneren Wirbelsturm ausgelöst. Auch deswegen ergibt es keinen Sinn, das Leben darauf auszurichten, was andere von uns erwarten. Einmal davon abgesehen, dass es ihnen gar nicht zusteht, etwas zu erwarten, können wir oft gar nicht sicher wissen, was sie erwarten, weil in unserer Kommunikation oft viel zu viele Missverständnisse entstehen. Wir würden unser Leben auf falschen, bodenlosen Annahmen aufbauen, wenn wir uns nach anderen richten, weil wir nie wissen, was in ihnen WIRKLICH vorgeht.

ÜBUNG

Beobachte dich im Alltag selbst, und schaue einmal, wann du glaubst, Gedanken lesen zu können.

Wann glaubst du, zu wissen, was andere denken und fühlen? Wann glaubst du, zu wissen, was andere Menschen WIRKLICH über dich denken? Es macht Spaß, wenn du dich dabei ertappst, denn das ist überhaupt nichts Schlimmes, sondern einfach menschlich. Du wirst merken, dass es dich unheimlich erlöst, wenn du erkennst, dass deine Gedanken nicht in Stein gemeißelt sind, sondern dass es noch viel mehr Varianten gibt. Du glaubst vielleicht immer nur an eine – doch ist sie wirklich wahr? Und lohnt es sich, dich aufgrund dieser einen Variante kleinzuhalten?

Mein Versprechen an mich selbst

Du bist an einem Punkt angekommen, an dem du mehr denn je die Sehnsucht spürst, dich zum Ausdruck zu bringen und dein Leben von innen nach außen zu gestalten. Und ja, ich begrüße und unterstütze das, weil ich der Überzeugung bin, dass jetzt der Moment gekommen ist, all das loszulassen, was dir nicht mehr dienlich ist. Es ist an der Zeit, deine wahre Größe zu leben und dir zu erlauben, dich von äußeren Erwartungen und Forderungen zu lösen. Lausche der Stimme deines Herzens, und verbinde dich mit deiner Seelenessenz. Beginne, aus deinem Herzen heraus neue Entscheidungen zu treffen und neue Wege zu gehen. Geführt, gesegnet und begleitet von deiner Seele.

Es ist an der Zeit, DU zu sein, losgelöst von all dem, was dich hemmt, blockiert und kleinhält. Und je klarer deine Entscheidung für DICH ist, desto mehr Zeichen und Wunder werden dir begegnen. Es kann gar nicht anders sein. Das Leben wird dich darin unterstützen, deine Samen zum Erblühen zu bringen. Doch du musst es erlauben. Wenn du dir nicht erlaubst, deine Lebensvision und deine Träume zu leben, so wirst du all die Zeichen, Möglichkeiten und offenen Türen nicht erkennen können. Deswegen möchte ich dich nun herzlich einladen, das folgende kleine, feierliche Ritual durchzuführen. Das Versprechen an dich selbst.

Das Versprechen …

- dass du dir selbst nicht mehr im Weg stehst,
- dass du es dir wert bist, aus deiner Seelenessenz heraus zu schöpfen,
- dass du dein Leben von nun an immer mehr von innen nach außen kreierst,
- dass dein Herz dein treuster und zuverlässigster Begleiter sein darf,
- dass du es dir erlaubst, dich und all das, was dir wichtig ist, zum Ausdruck zu bringen,
- dass du dich weder von dir selbst noch von anderen Menschen kleinhalten lässt,
- dass du Selbstzweifeln keinen Glauben mehr schenkst,
- dass du von nun an bewusst entscheidest, welchen deiner Gedanken du glauben wirst,
- dass du bereit bist, all die Herausforderungen anzunehmen, die dein Leben letztlich bereichern werden, auch wenn du vielleicht zunächst deine Angst überwinden musst,
- dass du dir selbst der beste Ratgeber bist,

- dass du dir selbst Treue und Rückhalt schwörst,
- dass du für deine Träume und Bedürfnisse, deine Werte und dich selbst einstehst,
- dass du die Aufgabe annimmst, dein Licht leuchten zu lassen,
- dass du dich daran erinnerst, dass dein Weg für andere Menschen ermutigend und inspirierend sein kann,
- dass du dich von nun an selbst ermächtigst, statt auf die Erlaubnis anderer zu warten,
- dass du alten Geschichten keinen Glauben mehr schenkst,
- dass du deine eigenen Fähigkeiten und Talente endlich erkennst und zu schätzen weißt,
- dass du bereit bist, dich von sämtlichen blockierenden Strukturen im Außen zu lösen,
- und dass du bereit bist, in deine Seelenkraft einzutauchen, um aus ihr DEIN Leben zu schöpfen, von dem du am Ende begeistert sein wirst – trotz Höhen und Tiefen, trotz Niederlagen, trotz Rückschlägen, weil du die volle Verantwortung übernommen und an dir gearbeitet hast, um dein Licht in die Welt zu tragen.

ÜBUNG

Nimm einen Stift und ein Blatt Papier, und mache es dir an einem schönen, ruhigen Platz gemütlich.

Vielleicht magst du eine Kerze anzünden oder deinen Schreibplatz mit ein paar Gegenständen verschönern. Stelle dir gern ein leckeres Getränk bereit, und erhöhe die Energie im Raum mit angenehmer, stimmungsvoller Musik, die dein Herz berührt.

Nimm dir Zeit für dich, für dein Versprechen. Schließe ein paar Minuten lang deine Augen, fokussiere dich auf deinen Atem, und finde innerlich zur Ruhe. Wenn du dich bereit fühlst, dann öffne deine Augen wieder, nimm deinen Stift, und schreibe dein ganz individuelles Versprechen auf das Papier. Du kannst dich dabei natürlich an meinem Versprechen orientieren oder deine eigenen Worte einfach fließen lassen, wie sie fließen möchten. Öffne dich. Sei erwartungsfrei. Lasse die Worte sprudeln. Und freue dich schon jetzt auf die Veränderung, die durch dieses Versprechen an dich selbst bewirkt wird.

Wenn dein Schreibprozess abgeschlossen ist, so schließe noch einmal für einen kurzen Moment deine Augen, und gehe in eine tiefe Dankbarkeit hinein. Das Leben ist wunderschön. Und all die Samen, die in dir bereits angelegt waren, als du das Licht der Welt erblicktest, wollen und können erblühen. Begib dich auf diesen Weg. Versprich es dir, und du wirst sehen, wie viel sich für dich verändern wird. Immer und immer wieder, bis du ganz plötzlich völlig fassungslos bist und gar nicht mehr nachvollziehen kannst, wie sich alles auf so wundersame Weise verändern konnte.

DIE UNBÄNDIGE QUELLE MEINES SEINS

Ich bin ...

Wenn du dein Leben aus deiner Seelenessenz heraus kreieren möchtest, anstatt dich an dem Lärm im Außen zu orientieren, dann hilft es dir, dich mit der unbändigen Quelle deines Seins zu verbinden.

Im Kapitel »Loslösung von den Erwartungen anderer« (siehe S. 127) haben wir über die »Brille« gesprochen, durch die jeder Mensch seine ganz eigene Welt sieht. Sie ist ein Wahrnehmungsfilter, der seine Berechtigung hat. Denn würden wir ALLE Sinneseindrücke in unseren Kopf hereinlassen, würden wir durchdrehen. Das wäre eine extreme Reizüberflutung. Und sicher kennst du dieses Gefühl, wenn dir alles zu viel wird, wenn zu viele Eindrücke auf dich einströmen. Der Filter ist also gar nicht so übel, er muss nicht per se weg. Doch vielleicht können wir ihn so verändern, dass wir die Welt mit anderen Augen betrachten, und zwar auf eine Art und Weise, die uns dienlich ist.

Ich möchte es für dich spürbar machen, dass du noch so viel mehr bist als das, was du wahrnimmst. Dein Wahrnehmungsfilter basiert auf den Erfahrungen, die du gemacht hast, und auf deiner Prägung. Doch du bist so viel mehr als deine Erinnerungen, deine Gedanken oder Gefühle. Du bist so viel mehr als deine Glaubenssätze und inneren Muster. Du bist so viel mehr als deine Gewohnheiten, Rituale oder Verhaltensmuster. Denn in Wahrheit ist all das nur ein Konstrukt, das durch dich und durch den Blick durch deine »Brille« aufgebaut wurde. DU bist so viel mehr. DU bist kein Konstrukt, sondern unendliches Sein.

Wie ich in meine Seelenkraft eintauchen kann

Wenn du dein Leben immer mehr von innen nach außen gestalten möchtest, wenn du dir erlaubst, deiner Intuition zu folgen, wenn du dich von deinen inneren Impulsen leiten lassen möchtest, um letztlich zu sagen: »Ja, immer mehr ICH«, dann mache es dir zur Gewohnheit, jeden Tag in deine Seelenkraft einzutauchen.

Widmen wir uns zuerst einmal den Dingen, die nicht zu deiner Seelenkraft gehören. Das sind …

- deine Gedanken,
- deine Gefühle,
- deine Glaubenssätze,
- deine Gewohnheiten,
- deine Vergangenheit,
- deine Zukunft,

- deine Ängste,
- deine Erinnerungen,
- deine bereits gemachten Erfahrungen
- und alles, was dich ausbremst, blockiert, kleinhält oder schwächt.

Denn all diese genannten Dinge sind letztlich nur ein Konstrukt deines menschlichen Bewusstseins. Das bedeutet nicht, dass das etwas Schlechtes ist. Du bist Mensch, und all das, was zu dir gehört, darf sein. Es geht also keinesfalls darum, etwas »weghaben« zu wollen.

Doch ich möchte dich einmal einladen, dieses ganze Konstrukt in sich zusammenfallen zu lassen – nur für einen ganz kurzen Moment. Wer bist du, wenn du deine Gedanken, deine Gefühle, deine Erinnerungen, deine Erfahrungen, deine Ängste und Sorgen für einen Moment wie ein Kartenhaus einstürzen lässt? Probiere es doch gleich einmal aus.

ÜBUNG

Schließe die Augen, und nimm ein paar tiefe Atemzüge.

Mit jedem Ausatmen lässt du dich tiefer in dich hineinfallen. Wenn Gedanken kommen, nimm sie wahr, und lasse sie los. Es ist nicht schlimm, wenn sie sich hier und da dazwischen schummeln. Lasse sie einfach wie Wolken vorbeiziehen. Sie sind nicht wichtig, und deswegen ist es egal, ob sie da sind oder nicht. Stelle dir vor, wie all das, was du zu sein glaubst, wie ein Kartenhaus zusammenstürzt. Stelle dir vor, dass dieses Konstrukt aus Gedanken, Ideen, Gefühlen, Glaubenssätzen und Plänen einfach für einen Moment kein Fundament mehr hat. Vielleicht magst du dir auch vorstellen, wie es zu Staub und Asche zerfällt. Nur für einen Moment. Nur für diese Übung. Wer bist du dann?

Spürst du diese weite Stille in dir? Diese stille Weite? Diese absolut grenzenlose, pulsierende Kraft? Dieses Gefühl von unendlichem Sein? Du BIST.

Verbinde dich noch intensiver mit dieser inneren Weite. Lausche noch bewusster dieser Stille. Lasse dich in dieses unendliche Sein hineinfallen, ohne aktiv etwas dafür zu tun. SEI einfach. Und koste diesen Zustand voll aus.

Existierte diese grenzenlose, pulsierende Kraft schon, bevor sich deine ersten Glaubenssätze, Gedanken und Gefühle geformt haben? Was glaubst du? Ja, sie existierte sogar ganz sicher. Und glaubst du, dass diese unendliche Stille und Weite in dir von äußeren Umständen abhängig ist? Nein, sicher nicht, weil dieser Zustand deine Seelenkraft ist und unverändert bleibt. Deine Seelenkraft existierte schon immer und wird auch immer existieren. Sie ist unabhängig von deinem Leben, unabhängig von deinen Erfahrungen und Erinnerungen, unabhängig von deinen Gedanken und Gefühlen. Egal, wie es dir jetzt gerade, morgen oder übermorgen geht, wenn du in deine Seelenkraft eintauchst, wird diese unverändert still und weit, kraftvoll und unendlich sein. Wie deine äußeren Umstände auch aussehen mögen, du hast jederzeit die Möglichkeit, in deiner Seelenkraft zu baden, indem du für einen Moment dieses ganze menschliche Konstrukt zusammenfallen lässt.

Wenn du es jeden Tag übst, dann wirst du schon bald mit nur einem Gedanken in deine Seelenkraft eintauchen und aus ihr schöpfen können. Wenn du dich mit deinem unendlichen Sein verbindest, gelingt es dir leichter, leid- und schmerzvolle Gedanken, Glaubenssätze und Gefühle loszulassen, weil du dich dann nicht mehr so stark mit ihnen identifizierst. Denn in Wahrheit gehören diese ja zu dem Konstrukt, das du NICHT bist.

Wenn du dich mit dieser Vorstellung vertraut gemacht hast, wirst du immer besser wahrhaftig fühlen und anerkennen können, wer du wirklich BIST, nämlich unendliche Seelenkraft. Tauche in deine Kraft hinein. Jeden Tag. Lasse das menschliche Konstrukt immer wieder einmal für einen Moment zusammenfallen, und lade jede deiner Zellen mit deiner Seelenkraft auf. Du wirst sehen, dass dir dadurch im Leben immer öfter die Dinge zufallen, die zu dir gehören.

Die Erklärung dafür ist ganz einfach. Wenn du dich regelmäßig mit deiner Seelenkraft verbindest, schenkt dir das immer wieder Momente in deinem Alltag, in denen du dich von deinem menschlichen Konstrukt, also von all deinen Gedanken, Glaubenssätzen, Erinnerungen, loslöst und dich somit für einen Augenblick nicht mehr mit ihnen identifizierst. Damit veränderst du deine energetische Schwingung, und alles, was zu dir gehört, kann zu dir fließen, weil du in die Schwingung deiner Seelenkraft eintauchst. Das ist wunderschön und heilsam – und so nährend.

Wenn du diese kleine Übung jeden Tag für wenige Minuten durchführst, wirst du schnell spüren, wie angenehm es ist, in deiner Seelenkraft zu baden. Und du wirst merken, wie du auch im Alltag immer leichter in deine Kraft findest, aus der heraus du ganz andere Entscheidungen treffen kannst, Entscheidungen für DICH. Dann bist du an dem Punkt, an dem du also tatsächlich aus deiner Seelenkraft heraus kreierst und schöpfst. Bleibe also unbedingt dran. Übe dich darin, dich mit deiner Seelenkraft zu verbinden. Und schon bald wirst du nicht nur in ihr baden, sondern aus ihr heraus dein Leben gestalten.

MEINE GESCHICHTE

Ich möchte dir zu guter Letzt noch von ein paar Lebensstationen erzählen und davon, was sie bewirkt haben, weil ich dir zeigen möchte …

- wie das Leben manchmal spielt,
- was passiert, wenn wir unseren Impulsen folgen,
- und wie herausfordernd es manchmal sein kann, den eigenen Seelenweg zu gehen.

Als ich meinen Mann heiratete, kam bald darauf unsere erste Tochter zur Welt. Zu diesem Zeitpunkt arbeitete ich in einem Büro. Ich ging in Elternzeit, und währenddessen kam auch schon unsere zweite Tochter in unser Leben. Ich entschied mich, den alten Job aufzugeben, weil er mit der Familie schwer zu vereinbaren war. Ich musste jedoch wenigstens ein kleines Einkommen erwirtschaften, und so baute ich mir einen Online-Nähshop auf, in dem ich selbst genähte Kissen und Ähnliches verkaufte. Es lief gut, auch wenn ich mich wirklich ausgebrannt fühlte, weil ich so viel arbeitete und nur wenig Geld verdiente. Ich machte ja alles selbst, das Nähen, die Rechnungen, den Paketversand, das Marketing usw.

Dann hatte ich auf einmal dieses Gefühl. Ich wollte eine neue berufliche Stufe erreichen, und ich las das Buch »Raus aus der Komfortzone, rein in den Erfolg« von Sabine Asgodom. Ich erhoffte mir neue Motivation und Inspiration, um meinen Nähshop auf das nächste Level zu bringen. Allerdings spürte ich beim Lesen ganz genau: »Nein, DIESE Energie aufzubringen für diesen (Näh-)Job, das ist nicht, was ich möchte.«

Mein Gefühl sagte mir, dass das Nähen vielleicht übergangsweise eine nette Sache war, aber mein beruflicher Lebensinhalt würde es nicht werden. Doch was sollte ich tun? Auf der einen Seite spürte ich dieses

Nein zum Nähen. Und auf der anderen Seite nahm ich ein ganz tiefes inneres Brennen wahr, ein Gefühl, das in mir die Sehnsucht erweckte, einen Blog zum Thema »Selbsthilfe« zu kreieren. Ich beschäftigte mich seit meiner Jugend mit Persönlichkeitsentwicklung, Mentaltraining und Spiritualität und hatte deswegen viel Wissen, das ich an andere Menschen weitergeben konnte. Doch was sollte ich mit dieser Sehnsucht anfangen?

Ich spürte in mich hinein und war auf einmal wie fremdgesteuert. Ich entschied mich, meinen Nähshop aufzugeben, auch wenn ich in mir die Angst vor dem Loslassen spürte, denn schließlich gab ich damit etwas auf, was ich mir zuvor erarbeitet hatte. Von heute auf morgen. Und ich erstellte mir innerhalb weniger Tage einen eigenen Blog, in dem ich meine Artikel veröffentlichte. Ich schrieb Tag und Nacht, ohne Plan. Ich ließ die Worte einfach fließen und musste mir nie die Frage stellen, worüber ich schreiben sollte. Ich schrieb einfach, und meine Artikel fanden im Internet großen Anklang.

Meine Schreibtätigkeit entwickelte sich weiter, und ich verspürte zunehmend den Wunsch, auch direkt mit Menschen zu arbeiten. Ich machte eine Ausbildung zur Psychologischen Beraterin und zur Heilpraktikerin für Psychotherapie. Dann kam auf einmal meine erste ThetaHealing-Lehrerin Britt in mein Leben, und ich ließ mich in dieser Heilmethode, entwickelt von Vianna Stibal, ausbilden. Es ging alles fast wie von allein. Ich hatte fast immer das Geld, um all die Ausbildungen zu finanzieren, denn meine Arbeit ermöglichte es mir, einen Teil meiner Einnahmen wieder zu investieren – in mich.

Stelle dir vor, ich wäre dieser inneren Sehnsucht damals nicht gefolgt. Stelle dir vor, ich hätte mich von meiner Angst leiten lassen, die ich natürlich vor diesem großen Schritt gespürt hatte, und hätte an meinem bestehendem Nähshop festgehalten, um auf der »sicheren« Seite zu sein. Stelle dir vor, ich hätte dieses innere Brennen ignoriert oder zur Seite geschoben, weil es damals so gar nicht in mein Leben passte.

Mein Weg entwickelte sich weiter, und 2015 entdeckte ich im Internet Franziska Müller, die pferdegestützte Coaches ausbildete. Wow, was hat mich diese Frau angezogen! Das wollte ich auch machen! Aber ich hatte zu der Zeit mit Pferden gar nichts mehr zu tun. Damals waren meine Kinder noch kleiner, und das Geld war knapp, weil ich mit meiner Arbeit noch nicht so viel verdiente. Wie oft habe ich zu meinem Mann gesagt: »Ich glaube, Pferde wird es in meinem Leben nie wieder geben. Der Weg zu ihnen zurück existiert für mich nicht mehr.« Ich war so mit meinem Alltag, mit Kindern, Familie, Haus und Arbeit beschäftigt, dass ich das damals wirklich glaubte.

2016 begann ich, meinen Traum wieder für möglich zu halten. Auch wenn zu dem Zeitpunkt das Geld noch nicht da war, so war ich voller Hoffnung. Und um diesen Traum zu nähren, schenkte mein Mann mir zu meinem Geburtstag ein Halfter für mein zukünftiges Pferd.

Ich arbeitete viel und tat, was ich gern tat: schreiben und coachen.

Im Juni 2018 war immer noch kein Pferd da, doch ich kaufte mir schon einmal einen Putzkoffer für das Pferd, das sicher irgendwann einmal in meinem Leben erscheinen würde. Und ich war voller Vorfreude. Dem Putzkoffer lagen selbstklebende Buchstaben bei, mit denen man den Namen des Pferdes auf ihm anbringen konnte. Ich war schon neugierig, welchen Namen ich wohl mit diesem Klebeset einmal schreiben würde.

Seit etwa zwei Jahren bekam ich über eine Online-Pferdebörse täglich Angebote per E-Mail geschickt. Ich hatte das einmal so eingestellt. Und manchmal nervte es auch ein wenig, weil ich zwischenzeitlich absolut keinen Kopf für ein Pferd hatte.

Im Dezember 2018 begegnete mir eine Frau, die einen Online-Kurs für Frauen mit Pferd anbot. Dieser Kurs sollte dabei helfen, die eigene Lebensaufgabe herauszufinden und zu erfahren, welche Rolle das eigene Pferd dabei spielt. Der Kurs zog mich wie magisch an, allerdings hatte ich ja gar kein Pferd. So telefonierte ich mit ihr und fragte sie, ob ich das Programm auch ohne Pferd machen könne. Sie sagte, sie hätte noch keine Frau dabeigehabt, die diesen Kurs ohne Pferd gemacht hatte, aber möglich sei es schon, denn auf energetischer Ebene spiele es keine Rolle, ob mein Pferd schon in meinem Leben sei oder nicht. Ich entschied mich, dieses kleine Experiment zu wagen, und buchte den Kurs. Das war am 3.12. Am 5.12. hatte mein Mann

Geburtstag, und wir waren für ein paar Tage auf Mallorca. Wieder zu Hause öffnete ich am 12.12. eine E-Mail der Pferdebörse. Ich sah mir die Anzeige an, drehte mich zu meinem Mann um und sagte: »Ich habe ein Pferd gefunden.«

Noch am selben Tag fuhren wir zu ihm. Wenn du glaubst, dass ich mich sofort verliebte, irrst du dich. Ich war sogar etwas enttäuscht, weil das Pferd auf den Bildern besser ausgesehen hatte als in der Realität. Außerdem war er ein »Problempferd«, das sich nicht reiten ließ.

Am 14.12. wurde mir gezeigt, wie es sich verhielt, wenn es geritten wurde, sodass ich mir selbst ein Bild von der Problematik machen konnte.
Am 15.12. stellte ich mich eine halbe Stunde in seine Box und schaute einfach nur, ob sich eine Bindung zwischen uns aufbaute, ob es Interesse an mir hatte und was ich dabei fühlte.
Danach ging es mir nicht mehr aus dem Kopf, und am 16.12. gab ich die Zusage zum Kauf.
Am 21.12. unterschrieb ich den Vertrag.
Und am 31.12. hatte ich es mit der ganzen Familie zu uns in den Stall geholt.

Es ging auf einmal alles so schnell. Und es kamen einige »Zufälle« hinzu, die es mir ermöglichten, es zu kaufen. Und so musste ich den Kurs für Frauen mit Pferd doch nicht ohne Pferd machen.

Erkennst du die Fügungen? Erkennst du, wie ich geführt wurde? Erkennst du, wie meine inneren Impulse mich immer genau dahin gebracht haben, wo ich anscheinend hin sollte? Stelle dir vor, ich wäre nie mutig gewesen. Stelle dir vor, ich hätte meinem Gefühl nicht vertraut. Stelle dir vor, ich wäre der Stimme meines Herzens nicht gefolgt.

Auf einmal war sogar die Ausbildung zum pferdegestützten Coach für mich möglich. Ich hatte in den letzten Monaten genug eingenommen, und ich hatte auf einmal ein Pferd. Plötzlich waren alle Voraussetzungen erfüllt. Immer wieder besuchte ich die Webseite von Franziska Müller. »Soll ich, oder soll ich nicht? Das ist ja schon eine ordentliche Investition«, dachte ich. Und der Aufwand, die Fahrt, die Organisation hier zu Hause. Ein Ja würde mich ganz schön aus der Komfortzone herausholen. Und es gab Tage, da dachte ich: »Nein, das lässt du bleiben«, und an den Tagen darauf wachte ich auf, und die Ausbildung beschäftigte doch wieder meinen Geist.

Wie war das noch mit der magischen Anziehung, mit der Berührung und der Begeisterung? »Wenn ich so etwas spüre, muss es etwas mit mir und meinem Seelenweg zu tun haben«, dachte ich. Und dann buchte ich die Ausbildung, bezahlte sie direkt, organisierte noch am selben Tag eine Ferienwohnung und machte das Ganze fester als fest. So gab es für mich kein Zurück mehr, auch wenn ich noch einige Monate auf den Ausbildungsbeginn warten musste.

Und auch diese Herausforderung habe ich gemeistert. Ich bin aus meiner Komfortzone herausgegangen, trotz aller Zweifel, trotz aller Ausreden, trotz aller Ängste.

In den letzten Jahren gab es so viele Situationen, in denen ich mich anders hätte entscheiden können. In denen ich hätte kneifen können, meinen Ausreden hätte glauben und meinen Zweifeln hätte folgen können. Und ja, es hat mich herausgefordert, all diese neuen Aufgaben anzunehmen und meinen Sehnsüchten zu folgen. Natürlich war und ist das mit Anstrengung verbunden. Und natürlich kommen wir an die eigenen Grenzen, um sie dann aber auszudehnen – manchmal langsam und manchmal mit ordentlicher Schubkraft.

Doch was wären die Konsequenzen gewesen, wenn ich mich meinen Sehnsüchten und inneren Impulsen verschlossen hätte? Wie wäre mein Leben verlaufen, wenn ich der Angst mehr geglaubt hätte als meinem Herzen? Wie wäre es verlaufen, wenn ständige Zweifel mein Kompass gewesen wären, wenn ich mich nicht nach meinem Mut ausgerichtet hätte? Es lohnt sich immer, voranzugehen!

Ich möchte dir noch einmal sagen: Auch du wirst geführt. Alles, was deinen Seelenweg betrifft, wird vom Leben, vom Universum unterstützt. Es kann gar nicht anders sein, als dass die Samen in deiner Seele, die du mit deiner Geburt in dieses Leben gebracht hast, zum Erblühen gebracht werden sollen. Und dabei erhältst du Hilfe, weil das einfach ein ganz natürlicher Prozess ist. Und ja, dann kommen die Ängste, die Zweifel, die Prägungen und all die menschlichen Sorgen und Nöte hoch, die dich daran hindern könnten, DEINEN Weg zu gehen. Doch du kannst entscheiden, wonach du dich ausrichtest.

Ich bin sicher, dass du, während du dieses Buch gelesen hast, tief in dir etwas gefühlt hast, was dir genau gesagt hat, was jetzt dein nächster Schritt auf DEINEM SEELENWEG wäre. Du spürst und du weißt es.

Vielleicht hast du es dir lang nicht erlaubt, diese Gedanken zu haben und diesen Sehnsüchten zu folgen. Vielleicht hast du dich zu sehr von deinen Ängsten und blockierenden Glaubenssätzen leiten lassen. Das ist nicht schlimm, das weißt du. Schließe Frieden mit deinem bisherigen Weg. Und du weißt auch, dass du jederzeit neu wählen kannst. Egal, wie alt du bist.

Ich wünsche dir von Herzen, dass dich dieses Buch und auch meine Geschichte ermutigt haben, neue Wege zu gehen. DEIN Leben ist nicht dafür da, es aufzuschieben. Jeder Tag, den du lebst, ist gelebt.

Und jeder Tag möchte dazu beitragen, dass deine Seelensamen erblühen und du das Gefühl von tiefer Herzensfreude und Erfüllung erfährst.

Ich wünsche es dir von Herzen.

Möge dein Leben voller Wunder sein.
Möge sich in deinem Leben pure Magie entfalten.
Mögest du am Ende deines Lebens begeistert sein.

Es ist egal, wie lang dein Leben dauert, wenn du es wirklich gelebt hast. Nur einem »ungelebten« Leben trauern wir am Ende nach.

Lebe deine Träume, sei mutig, und traue dich. Stehe für dich ein, erfülle deine Herzenswünsche, und ERBLÜHE.

Und wenn ich dich dabei unterstützen kann, so melde dich von Herzen gern.

DANKE

Es gibt so viele Menschen, von denen ich lernen durfte und darf. Menschen, die für mich sichtbar geworden sind, weil sie ihre Seelensamen zum Erblühen bringen und ihre Botschaften in die Welt tragen. Manchmal ist es z.B. nur ein einzelner Facebook-Beitrag, der mich inspiriert, ermutigt und wachsen lässt. Ich bin jedem Menschen, der seine Vision zum Ausdruck bringt, unendlich dankbar. Manchmal ist es nur eine kurze Begegnung, die mich beflügelt, und manchmal lasse ich mich über einen längeren Zeitraum begleiten, inspirieren oder ermutigen. Jede Variante ist kostbar und hilfreich.

Deswegen möchte ich an dieser Stelle all den Menschen danken, die die Entscheidung getroffen haben, ganz sie selbst zu sein. Denn dadurch werden sie sichtbar. Und so können sich Menschen finden, die wunderbar zusammenpassen und ähnliche oder sich perfekt ergänzende Seelenmelodien spielen.

Mein Dank geht an die Menschen, die mutig sind und sich ihren inneren Widerständen stellen, um die Welt zu einem besseren Ort zu machen. Denn die Welt wird besser, wenn jeder seine Seelensamen zum Erblühen bringt und sich traut, das eigene Licht leuchten zu lassen.

Wir alle neigen gelegentlich dazu, uns zu verstecken und kleinzuhalten, obwohl wir so viel zu geben haben. Wir trauen uns oft nicht, unsere Potenziale freizulegen und sie für andere sichtbar zu machen. Doch mit jedem Menschen, der vorangeht und sich traut, seine Seelenessenz zu leben, werden auch andere Menschen ermutigt, es ihm gleichzutun.

Und da ich sicher bin, dass auch du bereits in gewissen Dingen den ersten Schritt getan hast, möchte ich ganz besonders dir danken. Denn auch du hast damit die Welt schon bereichert, vielleicht ohne dass es dir bewusst war. Wir wissen oftmals gar nicht, was wir bewirken, weil wir nicht immer ein direktes Feedback bekommen. Doch sei dir gewiss, dass du schon viele Male für andere Menschen ein Lichtblick, ein Fels in der Brandung, ein Vorbild oder eine Inspirationsquelle warst.

Und allein die Tatsache, dass du dieses Buch gelesen hast und bereit bist, immer mehr DU zu sein, ist so wahnsinnig kostbar für uns alle.

Zeige uns allen deine Seelensamen.
Lasse uns an deinen Lebensträumen teilhaben.
Bereichere uns mit deiner Vision.

ICH DANKE DIR DAFÜR!

Herzensgrüße,
Sabine

ÜBER DIE AUTORIN

Sabine Bromkamp ist Autorin, Mentorin und pferdegestützter Coach. Neben ihren Büchern schreibt sie regelmäßig Artikel für die Print-Magazine »Auszeit« und »ich bin« und inspiriert damit unzählige Leser, dem eigenen Leben mehr Sinn zu geben. Mit ihrer Arbeit unterstützt und ermutigt sie Frauen, ihren inneren Kompass zu aktivieren, der eigenen Intuition zu vertrauen und den inneren Impulsen zu folgen. In ihrem Wirken vereint Sabine Bromkamp all das, was sie liebt: Schreiben, Menschen und Pferde. Mit diesen »Zutaten« bringt sie ihre Seelensamen zum Erblühen. Und dies wünscht sie sich auch für die Menschen, die sich ebenfalls danach sehnen, endlich ihrer Seele zu folgen.

www.sabinebromkamp.de

DEIN LEBEN VOLLER MAGIE

Sabine Bromkamp
Mehr Magie für dein Leben
Wie wir uns mit dem Universum verbinden und auf Empfang stellen
184 Seiten
978-3-8434-1335-0

Sabine Bromkamp
Wunsch meets Wunder!
Wie wir unsere Herzenswünsche erfolgreich manifestieren
136 Seiten
978-3-8434-1362-6

»Mehr Magie für dein Leben« lädt dich mit 20 einfachen Übungen für deinen Alltag ein, auf dein Bauchgefühl zu hören, Achtsamkeit für deine Gefühle und Bedürfnisse zu entwickeln und dir magische Auszeiten zu nehmen. Möchtest du dir deine Wünsche erfüllen? Dann findest du in »Wunsch meets Wunder!« die vier wichtigsten Schritte, um deine Träume spielerisch zu manifestieren – zwei ideale Ergänzungen zu »Immer mehr ICH«, um jetzt deine Seelenessenz voll und ganz zu leben!

Schirner Verlag

BILDNACHWEIS

Bilder von der Bilddatenbank www.shutterstock.com:

Schmuckelemente auf allen Seiten: Blüten: # 1162703083 (© volcebyyou), goldene Farbakzente: # 344991020 (© Ron Dale), Punktelinie bei Bildern: # 382453264 (© Elmiral), Pinselstrich Übung: # 1091983259 (© Olga_C)

Weitere Bilder: S. 14: # 780603445 (© PopTika), S. 20: # 448699921 (© Evgeny Atamanenko), S. 23: # 427038214 (© Mallmo), S. 25: # 639940096 (© Galyna Andrushko), S. 37: # 577836451 (© jakkapan), S. 41: # 722576719 (© Wanwalit Tongted), S. 42: # 249719311 (© Africa Studio), S. 45: # 524197882 (© Cristina Conti), S. 51: # 717242323 (© Anna Om), S. 55: # 216479008 (© dotshock), S. 63: # 773131534 (© Elores NorWood), S. 66: # 313612649 (© JFunk), S. 71: # 750914560 (© sbw18), S. 74: # 659602477 (© Evgeny Atamanenko), S. 81: # 347568323 (© Konstantin Aksenov), S. 82: # 646131400 (© Mangostar), S. 91: # 451981429 (© Nataliya Nazarova), S. 93: # 481874965 (© ixpert), S. 97: # 500369641 (© Maximuz Foto), S. 98: # 1154866144 (© Shift Drive), S. 103: # 756035674 (© morrowlight), S. 105: # 1155296176 (© Asier Romero), S. 112: # 1137873440 (© Pixel-Shot), S. 115: # 1108174775 (© SkyImages), S. 117: # 1039210720 (© Simon Bratt), S. 120: # 1219675618 (© ChristianChan), S. 123: # 1451952989 (© oatawa), S. 128: # 528836584 (© Victoria Shapiro), S. 132: # 453366910 (© fotohunter), S. 137: # 562802884 (© Pogorelova), S. 140: # 557762509 (© Shane Myers Photography), S. 144: # 1171724350 (© MIRROR-studio), S. 148: # 337421978 (© Photographee.eu), S. 153: # 215302207 (© dezy), S. 154: # 1095091028 (© Cristina Conti)